女性生活設計

看見眞實需求，以設計思維
打造性別友善的創新服務，開創女力經濟

串門子社會設計・著
衛福部社家署・計畫推動

Part III 女性生活設計．國際篇

Part IV

女性生活設計．台灣篇

關鍵現象與願景X服務設計流程×特色心法×以終為始下一步

推薦序

從看見到實踐：婦女創新服務設計

文／衛生福利部社會及家庭署署長 簡慧娟

台灣社會目前仍有許多女性的隱性需求及服務缺口尚未被滿足，為使更多女性朋友能更幸福生活，社家署自二〇二〇年起，透過整理相關實證資料，發展經濟與就業、健康與安全、中高齡與退休議題、職涯發展與生涯規劃及各種生命階段的照顧需求等五大婦女服務議題，並產出《婦女需求趨勢研究報告書》作為發展婦女服務的參考依據。

同時，也透過婦女服務的人才培育，包含企劃議題力、潛在關係人與影響圈勾勒、提案呈現、國際案例討論等，攜手新北市、桃園市、苗栗縣、台中市、雲林縣、嘉義市、台南市、高雄市、屏東縣、花蓮縣、台東縣、金門縣等十二縣市政府及民間跨域組織，共同推動中高齡女性、逆境少女、經濟弱勢女性、農村婦女、身心障礙女性及非預期懷孕的年輕女性等一系列創新服務。

歷時三年，我們將所發展的女性需求、培育模組、服務設計工具及縣市服務，彙整成《女性生活設計》專書，從關注女性各個生命階段的需求，進而打造具性別觀點的服務設計，同時精選國際及縣市服務案例，讓更多關心女性議題的朋友們，能更加認識台灣女性的需求圖像，以及創新服務的設計心法、流程、模式、影響力評估等。

希望透過這本專書，邀請大家加入這趟從看見到實踐的旅程，一起投入女性服務設計的行列，創造社會共好！

作者序

攜手為形形色色的女性而設計

文／串門子社會設計

女性是佔比台灣1／2人口的群體，她們在不同的文化、族群、環境成長，受到女性角色的框架，面臨身心健康、經濟就業、人際關係、人生規劃等不平等議題。然而相關服務發展多年，卻不像兒童及青少年、身心障礙者、老人等福利人口擁有專屬法律保障，導致各縣市婦女福利服務隨著施政焦點發展，缺乏統整與爬梳，容易出現問題定義上的偏誤，影響發展和執行的成效。

二〇二〇年為了發展出更具前瞻性的女性服務，衛福部社家署與串門子社會設計攜手合作「培力地方推動婦女服務創新方案」，從爬梳女性需求，以及利害關係人執行困境開始，串門子研發人才培育模組，陪伴各縣市聚焦在地服務缺口，融入創新思維，串連跨域專業與資源，發展創新服務模式，一同創造女性服務體系。

一路以來，我們最常被問到的問題就是「串門子為什麼會承接這樣的計畫？」「為什麼將服務對象聚焦在女性？」我們想，這也是撰寫這本書的原因，期待可以讓更多人看見「社會設計」作為一個方法，「為他人帶來幸福」作為一個願景，可以對社會議題產生什麼影響力；也和大家分享，雖然女性服務與相關設計有其長年發展困境，但仍有突破的切入點和方法學可以依循。

我們相信，一個人的影響力也許不大，但一個人的觀念可以改變另一個人、另一群人，很多人一起實踐就有機會改變結構，創造更加健康的環境。

串門子社會設計是從老人社福領域出身的組織，在服務長者的過程中，我們發現許多服務對象因著不同性別、階級、文化、環境，延伸出多元需求。但在相關福利服務發展時，卻因為以人口群、地域劃分的慣習，沒能即時呼應。

在充滿變動的時代，新興議題不能再用舊思維、舊方法解決，串門子期待能扮演一個創新的橋樑，串連公、私、企業等部門和利害關係人，融合跨域專業，運用創新思維發展永續服務模式，為身處於現行服務缺口中的人們帶來幸福。

現在，不妨試著想像你自己或身邊的女性，有沒有什麼需求困擾多時，期待能夠好好解決呢？

「我的人生就像黃乙玲的那首《人生的歌》，『假使你問我，人生為著啥？我會講為三頓，為生活，佮為某囝』，沒有為自己活過……」——雲林縣中高齡女性

「準備懷孕時，我騎著特製機車，繞了好幾家醫院診所，那時我不會想到爬上產檢台的問題，因為我連進去診所都有困難。」——屏東縣身心障礙女性

這些，都是我們和縣市夥伴發展服務時看見的女性心聲，想和你分享，即便是看似性別平等的現代，台灣女性仍有許多獨有議題，需要被看見、討論與解決。

二〇二三年是我們陪伴地方發展女性服務設計的第三個年頭，累積有十八組跨域團隊投入，橫跨四十八個女性跨議題整合設計。如果要用一句話來形容，這本書想開啟的是，探及女性與她們的產地，像研究採集者般，帶著探索放大鏡，根據女性真實需求和問題進行設計。

我們整理了數據、專家、女性服務工作者的洞察，歸納台灣女性服務五大議題，帶你了解台灣女性群像。接著分享應用在女性服務人才培力的方法學：「議題」、「創意」、「改變」，道出如何客觀看見女性的處境與特殊需求、如何發展具有影響力的解方、如何評估成效迭代策略的設計，並與他人溝通。

此外，我們也分析六組國內案例、十組國際案例的核心價值和特色心法，讓你可以對照看見方法的應用軌跡，增加對於女性生活設計的認識與發展靈感。最後則收整跨域專業者可以投入的議題缺口，想邀請你一起反思與檢視身邊女性的需求，大膽創造不同專業的行動可能性，一同建立包容友善的體系。

其實發展創新服務從來沒有正確的解答，因為「答案就在前進的路上」，只有行動，答案才會來，只有往前走，答案才會靠近你。希望這本書能夠幫助你靠近社會創新旅程中的答案，也期待我們能在女性創新議題，在多元社會需求的設計中相遇！

Part I

為1／2人口而設計

第1章

開啟1／2的關係人口學

像展開序幕的電影開場，鏡頭帶入了畫面，當你進入這一章前，讓我們用3秒鐘的時間想像一個畫面，「與你最靠近的一位女性，她平常的樣子是？」

也許花不上3秒的時間，你有可能想到家人、朋友、同事或重要夥伴的這一位女性，或是也馬上想到了她常做的事情、關於她的形象甚至是形容詞，那麼歡迎進入1／2的關係學中，這是一本談1／2的人，但也身處在你我周圍——關於女性的故事。

世界下的台灣女性樣貌，是這樣的！

二〇二〇年初，行政院性別平等處發布「二〇二〇年性別圖像」，依據聯合國開發計畫署頒佈的二〇一八年性別不平等指數（GII）[1]，將我國資料代入計算，我國性別平等表現為全球第9名，居亞洲之冠，優於冰島及德國等發展程度較高國家。

不只性別平等程度居亞洲之冠，女性參政權力持續增長、受高等教育者增加、中小企業女性負責人家數增加、社會影響力擴大等，顯示相較過去，女性地位逐漸提升。

二〇二〇年女性立法委員比例突破四成，居於亞洲最高；二〇一九年台灣成為亞洲第一個同性婚姻合法化國家，展現多元共融的價值。這些不斷打破過去的差異和挑戰，都顯示我們的社會朝向性別平等的軌跡。

再想想你我身邊的女性，真的嗎？

但是，當全球疫情終於撥雲見日後，疫情中所產生的女性人身安全、經濟困境和家務不平等，就像尚未治癒的後遺症，仍然積累在社會之中。

城鄉的差異也使得許多傳統觀念與思維仍然存留在社會之中，且影響著女性的生活，例如：台灣鄉村中，許多女性無法充分取得就學權利。女性被傳統思維綑綁，因此少有學習、社交和成長的機會，並仍受到社會認為女性照顧的價值影響，需要擔負許多家庭照顧責任，因此影響了工作權和經濟權。

在即將邁入超高齡社會的台灣，經常擔任家庭主要照顧者的是女性[2]，負擔看不見的無償照顧責任，負擔高於男性6倍的憂鬱症、焦慮症的風險[3]，其中僅有25.5%的女性能挺過重重壓力返回職場，因此台灣女性勞動力參與率在29歲後，便隨著年齡增加急速下降，50歲以後的勞參率更是遠遠低於其他已開發國家。

在婦女的參政投入比例中，出任各地方政府的副首長、一級單位首長名單，其中表現最好的縣市，也僅有約30%的職務是由女性擔任[4]；從敗犬到剩齡，社會價值為女性貼上的多重標籤，高齡不婚不育也時常成為新聞媒體為少子化所下的標題與問題導向，都顯示社會其實仍然存在性別刻板和差異。

聯合國早在一九七九年通過「消除對婦女一切形式歧視公約」（The Convention on the Elimination of All Forms of Discrimination against Women，縮寫為CEDAW），內容闡明男女平等享有一切經濟、社會、文化、公民和政治權利，締約國應採取立法及一切適當措施，消除對婦女之歧視，確保男女在教育、就業、保健、家庭、政治、法律、社會、經濟等各方面享有平等權利。[5]唯近半世紀過去，世界經濟論壇（World Economic Forum）發布的《二〇二〇全球性別差距報告》顯示，還需要近百年的時間才能消除在政治面的性別差距，而職場面的性別差距則需要257年，但試想我們要再等待多少年呢？

用「關係」看女性，用理解寫下更好的定義

在社會學中，「關係」被定義為社會系統的一部分，「關係」不只是我們常想到的，人與人之間的互動連結，更涉及到多元層面的因素；例如，在家庭關係中，性別、年齡、地位和文化背景等因素，會影響家庭成員之間的關係，進而影響了行為和生活，這也表示，當我們在思考女性樣貌，不能僅只線性思考和單一角度，需要更立體的面向，如果要用一句話來形容，這本書想開啟的是，探及「女性」與她們的產地。

讓我們試著用自己剛剛所想到的那位女性來代入，種族、性別、年齡、教育、宗教信仰、文化、環境等等可能的關係，可能會發現，對健康與安全、經濟與獨立、社交所帶來的影響，這些關係都讓女性展現出獨特多樣性。

開始進入這一本書後，我們需要像研究採集者般，帶著探索放大鏡，根據女性的實際需求和問題進行設計，考慮到她們的文化、經濟、社會等多個方面的因素，如果服務設計只關注單一因素，可能會出現設計失誤和不完善的情況，因此了解個別女性的關係樣貌，才能有更好的切入點。

例如，關注女性的經濟需求，發展支持女性的經濟模式中，不只是直線性的提供能力培育與媒合就業，而是從爬梳這群女性的人口特性，關注與社會的關係面向，找到能力挖掘的契機、生活支持行動和創造價值，才能為服務設下更好的根基。

為1／2的人口設計：一場意識價值與社會設計的交付行動

在台灣這片土地上，一半以上人口都是女性，所有生活都將可能形成議題，而設計的開始，如同Tim Brown 在《設計思考，改變世界》一書中談到的：基本上跟「你是誰」很有關係，從理解自我、問對問題、不斷探索，讓你和世界產生連結。關心人群和社會，從來就不應該被窄化為某種專業，而

是在每雙觀察眼睛裡，都有不同的眼光見解，開啟這趟建立關係的旅程，才能從各種投入中，實現多元面貌的解方。

這也呼應為了實現多元共融、消弭不公的理想，聯合國自二〇一五年宣布17項永續發展目標（Sustainable Development Goals, SDGs），呼籲各國即刻展開兼具社會包容、環境永續等全球性議題。確保各國發展同時須特別關注各項指標，避免這些發展過程對後代產生負面影響。特別在SDGs的第5項性別平等指標中（SDG 5：Gender Equality），呼籲實現性別平等，賦予婦女權利，消除對女性的暴力、剝削及有害傳統習俗。[6]

我們相信，一個人提出對於婦女議題的討論，影響力也許非常細微，但一個人的觀念，可以改變另一個人、另一群人，很多人一起在日常生活中處處實踐，就有機會撼動結構。從二〇二〇年起衛福部社家署、串門子社會設計攜手十八個縣市及團隊展開了女性服務設計行動，創造出各式需求回應，也期待喚起更多共鳴和響應。

如同這一本書想傳達的，這不是一本專為某些領域設計而寫的書，而是一場與「關心在台灣超過半數以上的女性生活的人」所展開的對談，每個人都能在書中分析與案例中找到理解和詮釋的視角，探索其中的關鍵，進而展開可能的行動。

Tips

1. 設計思考，人人相關，第一步：從我是誰、我和女性的關聯展開。
2. 女性出發，關係面向，第二步：立體思考，女性與她們的各面向。

掌握這兩個關鍵，接著我們準備將鏡頭慢慢聚焦，一起更深入地理解台灣女性服務與設計的趨勢和需求。

第2章

台灣女性到底需要什麼：聚焦五大議題

女性的需求經常埋藏在生理差異、日常生活、生命經驗、文化框架等等中，想要投入女性創新服務、展開生活設計的第一步，就需要鉅細彌遺的，從盤點資料、發展研究開始。接著嘗試「詮釋數據」，當發現令人出乎意料的數據，更需要直球對決，透過「多元角度探索」，例如進行一場女性需求訪談專家會議、焦點團體等，蒐集真實洞察，進而歸納出大家可以共同關注的議題面向。

在探詢特定需求面向前，讓我們從問問題開始。

問題1 台灣是全世界生育率最低的國家，你認為台灣屆齡婚育的單身女性，結婚的意願是否超過5成？

答案是肯定的，二〇一九年婦女生活狀況調查顯示[1]，未婚婦女有結婚或再婚意願的比例最高，高達57.4%，有同居伴侶的婦女則為43.3%次之，離婚者的意願比例較10年前稍有上升，未婚者則稍稍下降約2%。原因可能與對工作就業的潛在影響、未來婚育後的社會資源和配套措施有關，所以台灣女性並非不願意婚生，背後有更多需要理解的聲音和需求，特別在不同城鄉區域中也有其差異性。

● 未婚婦女近 6 成有結婚意願

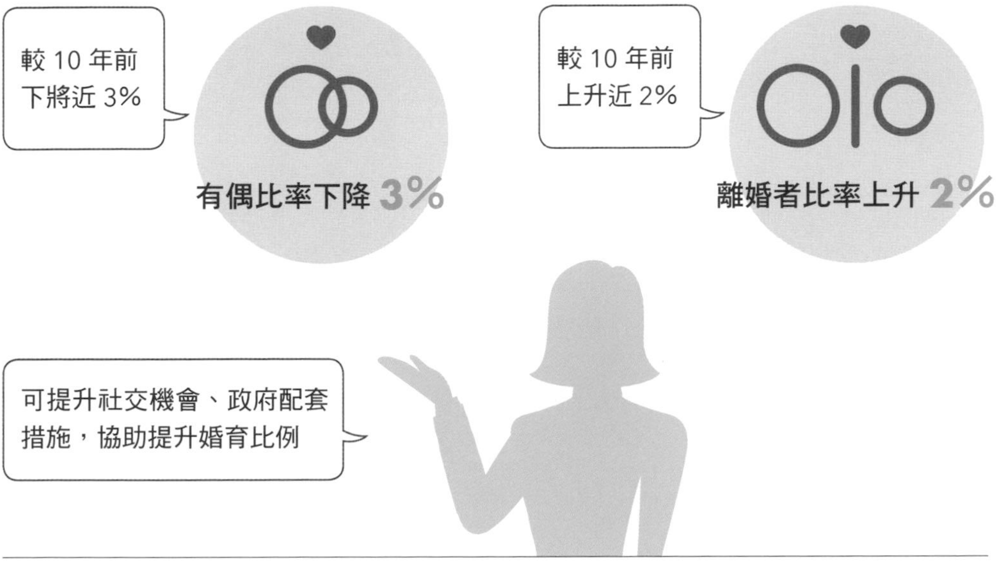
較 10 年前
下將近 3%
有偶比率下降 3%
較 10 年前
上升近 2%
離婚者比率上升 2%
可提升社交機會、政府配套
措施，協助提升婚育比例

問題2 聯合國世界衛生組織（WHO）指出，世界三大疾病中，憂鬱症位居第二。您知道女性服用抗憂鬱藥物人數，相比十年前增加多少嗎？

大約增加79萬人，整體上升了55%，這個數字也讓我們震驚。可見女性在這十年間承受的身心壓力有多麼高，或許我們可以進一步爬梳服用藥物的成因、對生活形成的影響等，為其設計能舒緩憂鬱情形的策略。

問題3 怎樣的人生，讓妳很嚮往？女性理想生活大調查

我們好奇這十年間女性輪廓的變動脈絡，運用國際研究資料、政府的公開資訊、網路關鍵字爬蟲、焦點訪談等，詮釋數字背後蘊藏著歷史軌跡下的女性生活變化。

以此延伸，我們也期待能進一步了解女性對於生涯、健康、親密關係、工作職場、退休生活等各議題上的現況與期待。二〇二〇年七月與女性平台啟動了【這樣的人生，我會很喜歡】女性理想生活大調查[2]，在半個月內總共獲得三千份問卷回饋。

除了女性的真實聲音，我們也拜訪專家和婦女團體進行焦點訪談，整理出《女性需求趨勢研究報告書》[3]，歸納台灣女性的「五大需求」。下面，我們以五大需求出發，一起看看台灣女性的期待，以及對應的服務設計可以包含的面向吧！

議題1 經濟與就業

台灣女性的就業與經濟地位雖然比過去高，但仍存在著性別差異性，而特定族群或特殊境遇的女性，所遭遇的經濟與就業不平等狀況尤其容易被忽略。

● 女性身心健康需持續關注

服用抗憂鬱藥物人數近 79 萬，乳癌、卵巢癌、肺癌死亡人數，以及糖尿病、高血壓等疾病比例皆有上升趨勢

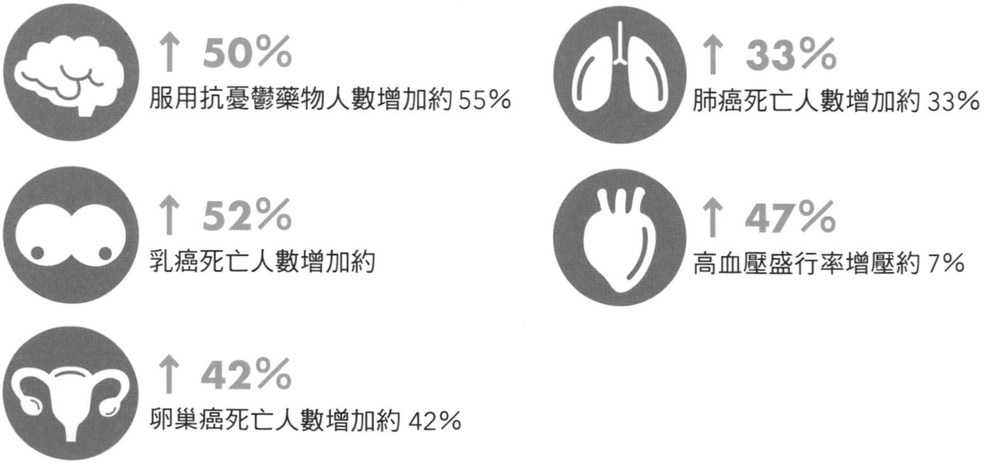

↑ 50%
服用抗憂鬱藥物人數增加約 55%
↑ 33%
肺癌死亡人數增加約 33%
↑ 52%
乳癌死亡人數增加約
↑ 47%
高血壓盛行率增壓約 7%
↑ 42%
卵巢癌死亡人數增加約 42%

1. 二度就業：

我國女性勞動率在 進入婚育年齡後急速下降，且重返職場比例少，其他主要國家如日本、南韓在25-29 歲驟降後，於 35-39 歲開始逐漸回升。

近期立法院法制局發布的「人口負成長對我國勞動力影響議題之研析」報告建議，提升女性勞動參與率，有助改善我國勞動力，顯示女性的就業率和國家的整體實力有高度相關！

在網路搜尋引擎上的「百大婦女關鍵字報告」中，有高比例的女性搜尋二度就業、轉職、自傳與範例、職業培訓、專才培養，表示出女性對於婚後重返職場、能力培育與機會取得的需求。

2. 更生女性：

法務部「更生人就業狀況調查」顯示[4]，女性出獄後就業率為 67%，較男性的 83% 低出許多。從「目前每月工作收入」來看，男性薪資約「30,000-40,000」元，而女性僅有「19,048-25,000」元。部分群體還伴隨懷孕、母職照養等需求，陷入女性、

爬梳女性輪廓

Google 百大關鍵字、關鍵女性數據

蒐集女性使用網路搜尋了解的關鍵字與面向，並收納過去 10 年的 60 大關鍵數字，揭曉女性的狀態。

二〇二〇/6

線上女性調查

透過女人迷發放【女性理想生活大調查】問卷，回收近 3,000 份問卷，成功收納女性在關係、職場、家庭、自我成長遇到的疑難雜症與解方期待。

二〇二〇/7

專家與團體訪談、分區縣市座談

包含 11 類不同對象、15 場深度對談，並舉辦 4 場縣市座談，超過 80 個團隊了解縣市服務焦點，攜手彙整女性痛點與需求。

二〇二〇/8

更生人、母職角色的多重困境中。

就業狀況也影響著女性的再犯率，女性受刑人的再犯或累犯比例 2008 年約 73.5%，到二〇一七年底上升至 83.1%，顯示女性更生人當中有相當高的比例面臨更生復歸困境，迫切需要支持系統的介入，包含出獄前的準備與輔導、落實個案需求調查、協助規劃復歸方案等。

3. 身心障礙女性：

在二〇一九年「身心障礙者勞動力狀況」的統計顯示[5]，有 42.3% 的女性身心障礙者認為曾經受到不平等對待，經常在工作中遭遇性騷擾、竊盜、人格羞辱，比例較男性的 37.9% 高。此外，二〇一九年全年每人每月經常性薪資平均為 44K，但身心障礙男性的平均薪資是 30K，而身心障礙女性月收平均僅 25K。兼具通用設備、友善人際關係、個別化職務分配的「職務再設計」是他們的迫切渴望。

4. 新住民：

相較於二十年前移入潮，新住民除了對生活適應有較為迫切的需求之外，目前也有已逐漸邁入中高齡的新住民，因為家庭照顧責任減輕，對於知識教育、自我價值實現等需求攀升。

5. 原住民：

部落地區交通不便利、工作機會少，相較於男性原住民在傳統文化中被賦予養家任務，鼓勵其工作、求學，女性傾向於提早步入家庭，承擔照養責任。且因理財觀念缺乏，合適工作機會少，部落女性普遍處於經濟弱勢。為他們提供合適於地方文化脈絡的經濟服務，以及理財、角色分工突破的教育服務，協助建構部落整體照護模式，對於原民婦女來說，才是根本的解決之道。

值得注意的是，有超過六成的女性關心職場性別平權，除了是職場理念和氛圍，也關注工資、升遷等個人福利。在育嬰議題上，女性不再認為自己需要扛起全責，而是期待外界政府組織的幫助。

二度就業女性比例明顯較其他主要國家為低

政府須理解需求，如提升育嬰照顧措施、提供培力課程等，持續發展職場技能，以幫助女性實現自我

我國女性勞動參與率

於 25-29 歲達到高峰後逐步下降，於 50 歲以後低於各 主要國家

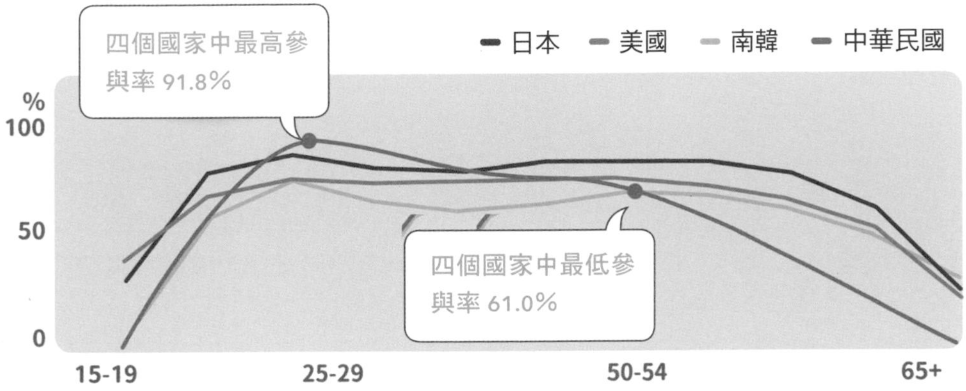

女性身心障礙勞動力參與率低於各群體，其失業率高於各群體

超過 6 成縣市，每 100 為女性，有 5 位以上身心障礙者
在身心障礙的支持與勞動參與，需有更多相應服務與措施

女性勞動參與率

全國女性 51.1%

身心障礙女性 14.1%

女性失業率

全國女性 3.5%

身心障礙女性 8.5%

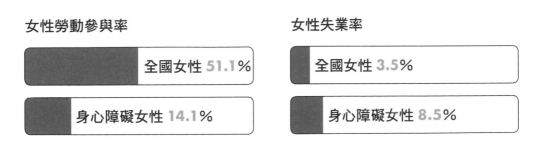

議題2 職涯發展與生涯規劃

今時今日的台灣婦女，認為發展自我能力是工作中最重要的價值，比起跟隨就業趨勢，將人生目標定為「個人專長或興趣能有所發揮」的女性高達7成。然而，有44%的女性在找工作時是誤打誤撞找到的，沒有明確的脈絡和方法，近6成的女性認為自己還沒找到最適合的工作。

當面臨職涯的抉擇時，受訪女性普遍期待能「有人給予建議和方向」。因此在政府提供的就業服務裡，女性也最期待「獲得可以持續發展技能的培力資源」，以及能夠和她們「對談、支持和討論」的角色，透過梳理生活的狀態，找出工作生活的選擇。

在各年齡階段，女性皆有生涯規劃的需求，而各地區的女性在教育程度與職業機會上有著差異性，在設計服務時，應從區域的女性背景與需求、區域產業狀態和未來發展思考。

議題3 不同生命階段的照顧需求

女性在生命階段中，可能因為狀態和選擇，迎來照顧的挑戰和需求，分別是：

1.成為母職的育齡階段：

懷孕、孕後的照顧，成為母職角色的過程，有許多需求。不同的女性樣態，也有著不同程度的挑戰與需求，例如：身心障礙者的懷孕、產檢、母職照顧，單親家庭的照顧與生活等。

2.擔負連續的長期照顧：

台灣有長期照顧需求的家庭接近5成為獨力照顧，而女性家庭主要照顧者更將近7成，罹患憂鬱症焦慮症風險是一般人的6倍[6]。「家庭照顧者關懷總會」近年倡導女性應聽明運用資源，降低照顧束縛，找回生活與照顧的平衡。

女性在人生發展上的現況與需求

你有自己的明確目標嗎？

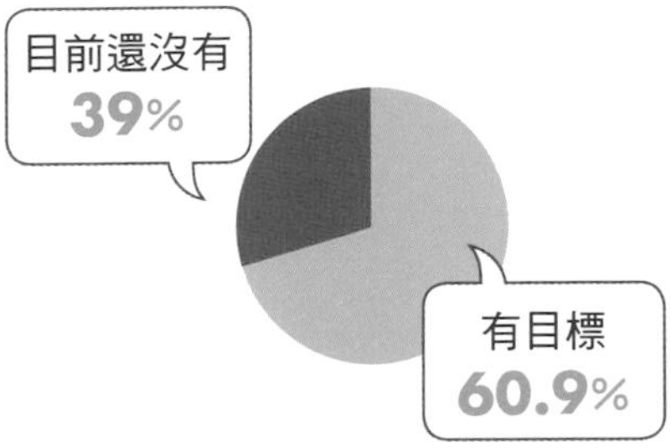

女性的人生目標或夢想是？

個人專長或興趣能有所發揮	擁有安穩平靜有踏實的生活	扮演好生命中的每個角色
67.2%	60.6%	47%

職場定位和尋找理想伴侶並不是女性首要條件，其實女性真正希望的是發展自我能力。

如果政府、企業或組織來幫忙，希望如何協助女性找到人生目標或夢想呢？

- 77.8% ▶ 舉辦探索自我的活動或工作坊
- 46.1% ▶ 邀請名人或 KOL 分享自身經驗
- 41.9% ▶ 提供相關網路資源

女性怎麼看職涯發展與退休安排

你認為你找到最適合自己的工作了嗎？

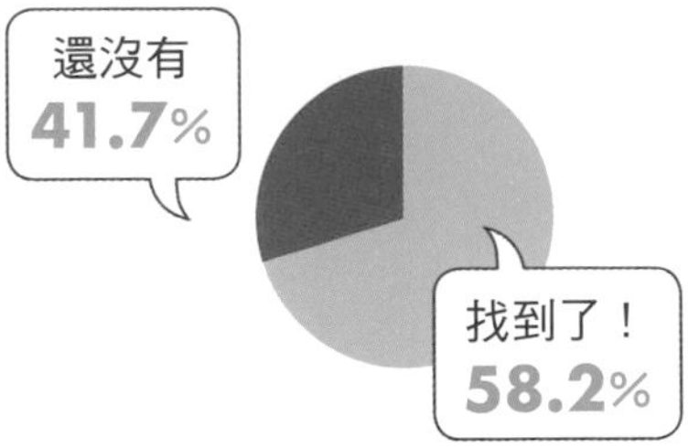

你如何找到適合自己的工作？

誤打誤撞	44%
透過實習找到方向	32%
根據性向測驗認識自己	23.7%
其他	20.9%

你認為政府、企業或組織，能用什麼方式協助你找到適合自己的工作？

舉辦探索職涯相關活動或工作坊	提供更多實習機會	提供線上職能諮詢服務
75.5%	57.2%	51.9%

3.不同狀態下的照顧挑戰：身心障礙女性母職

你想過視障媽媽該如何調配奶粉與水的比例？肢障的媽媽要如何一手抱嬰兒、一手推輪椅？有沒有適合身心障礙母親的育兒輔具？產檢台有沒有無障礙設施？近期許多縣市政府也開始關心身心障礙者的母職照顧經驗與環境挑戰。在發展女性服務過程，應關注不同樣態女性的照顧角色需求，所處的區域狀態和交織的現象，以提供相對應的服務策略。

議題4 健康與安全

女性期待的健康服務中，第一名是「心理支持」，也反映出女性在多重的社會角色的壓力和挑戰。根據WHO統計，全球女性罹患憂鬱症的比例是男性的2倍，衛福部的資料則是1.8倍，因此在發展女性服務時，除了女性生理外，在心理、社交、人身安全上也需要有更加全面性的理解與投入，特別是在不同的家庭、生活處境、區域或社會角色下的女性差異。

女性搜索的「安全」類別關鍵字常與家庭暴力相關，如「婦女庇護中心」、「婦女家暴資源」、「家庭暴力症候群」等。衛福部二〇二一年公布的「台灣婦女遭受親密關係暴力統計調查」提到[7]，台灣每5名婦女就有1人曾經遭受親密伴侶的暴力對待。其中又以「精神暴力」盛行率最高，是肢體暴力的兩倍之多，顯示暴力型態的移轉，包含被冷漠對待、被要求及時報備行蹤、遭受言語污辱等等……更難以被發現的暴力型態，相關政策、民眾意識都有待倡議與積極面對。

議題5 中高齡與退休議題

在職場上拼搏一輩子後，退休後該做些什麼呢？美國波士頓大學公共衛生學院指出[8]，50歲以上「沒有生活目標」的研究對象，其死亡風險高於「擁有生活目標者」超過一倍，顯示生活安排的重要性。

女性最關心「職涯發展」裡的哪些議題

當我想轉換跑道時，有相關輔導資源	62.1%
協助我思考職涯與個人生活間的選擇與取捨	60.8%
協助我探索個人興趣志向並找到合適工作	58.7%
協助我規劃個人學習藍圖與未來發展	53%

比起跟隨市場趨勢與脈動，他們更希望政府能同步發展輔導資源及職涯轉換的協助，幫助不同階段的自己找到符合個人能力與興趣的工作。

在職涯發展中，遇到什麼問題或困境？

難以兼顧工作與生活品質	78.1%
迷失目標與方向	54.2%
遇不到合拍的同事或主管	51.9%

女性最關心「就業服務」裡的哪些議題？

提供培力課程，讓我培養職場技能	74.2%
職場性別平權，例如工資與升遷等福利制度	61.9%
創業輔導與資源媒合、補助	50.8%

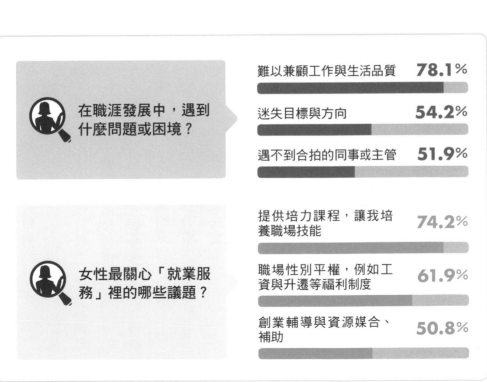

在過去調查中，我們也發現約7成的女性認為「女性退休服務」是重要的，對於「理財和經濟」議題最為擔憂。如最新的婦女生活狀況調查中所示，近6成女性會將收入轉化為大量家庭生活支出，而無法有效的儲蓄，也造成對未來生活的擔心。

而退休服務中「經濟支持」和「終身學習」是最受到重視的兩個項目，此外「社會互動」與「自我價值發揮」也很受歡迎，女性顯然將生活品質和終身學習環境視為保障退休生活最重要的條件。因此「建置相關資源或協助取得」、甚至是「創立結合多元跨域的支持場域」，也許是未來可以發展的方向。

小結 魔鬼藏在細節裡：踏入設計前的三個步驟

女性的議題十分多元，正因為它的豐富性，我們更需要理解其中的現象，運用多元資料蒐集方法、客觀詮釋背後的原因，避免進入誤區。

在思考與設計服務時，請記得，我們不僅僅是想完成一個設計、一個方案，我們更想為真真實實的「人」解決問題，讓社會更好。

愛因斯坦曾說過，「如果我有1小時拯救世界，我會花55分鐘去確認問題為何，只以5分鐘尋找解決方案。」能導致世界生存危機的問題，可能看起來非常複雜，但如果願意耐心爬梳，也許會發現解方其實不困難，女性創新服務設計也是。

接下來的一章，我們將帶領你一起練習：

1. 該如何保持好奇、多方觀察，避免忽視有需求的對象？
2. 什麼是「剛剛好」的詮釋能力？如何避免成為「善良的歧視者」？
3. 找出問題後，階段性的展開方法是什麼？

這個投入學習的過程，就是一場改變女性地位、滿足需要者、翻轉服務體系，同時能夠充權（賦能）女性、創造平等的行動。

政府、企業或民間組織針對女性提供「退休安排」的服務，哪些是最具重要性的

NO.1

提供我經濟支持，以維持基本生活品質

▼

63.6%

NO.2

提供我進行終身學習的環境與資源

▼

63.5%

NO.3

讓我能實現自我價值

▼

53.9%

NO.4

提供我如健檢等健康照護資源

▼

53.3%

NO.5

讓我和社會保持互動

▼

52.7%

● 為女性提供創新服務設計的五個關鍵領域

議題一	經濟與就業
議題二	職涯發展與生涯規劃
議題三	各種生命階段的照顧需求
議題四	健康與安全
議題五	中高齡與退休議題

Part II

服務設計的前導修煉

第3章

打造女性服務設計：三階段檢視法

我們設定的服務設計對象，是15歲到64歲的跨世代女性，在為她們設計服務時，要能因應不同世代生活背景、社會文化和資訊差異，梳理其身處不同脈絡下，多樣的生活處境成因。我們不僅需要理解她們的處境，也要反思自己所站立的位置，才能設計出合宜的服務。

除了年齡因素，還有對象群的分類。例如面對中高齡女性、新住民女性或身心障礙女性等，社會福利組織常提供增進自我認同的服務，但忽略了該族群的生活挫折根本原因，其實來自於社會建構下的體制設計。

因此，打造女性服務設計前，我們應該探討的是：如何客觀看見女性的處境與特殊需求，減少性別差異帶來的影響，降低社會排除或限制，改變服務輸送中的問題，才能建立包容友善的體系。

所以，無論你是關心女性議題的人，或是正在實踐的社會行動與女性息息相關，「議題」、「創意」、「改變」，是發展解方的過程中最需要提醒自己的3個關鍵字。接下來，我們將和你分享如何爬梳並收斂成女性議題、創造兼具多元議題視野與跨域思維的創意解方，以及製作可被評值甚至形成長遠影響的具體改變。

》議題爬梳

- 發展女性的服務設計並非僅關注眼前她們的需求或服務缺口，還需梳理問題背後的脈絡；檢視過去的生命歷程，發生了哪些事件、遇到哪些問題，導致她形成目前的處境。

- 進一步思考這些處境延伸的問題、或未被滿足的服務缺口。
- 設定議題：爬梳處境、區分問題、定義需求，是為方案定錨前的重要思考。
- 經過抽絲剝繭後的服務議題都很具體，有的甚至很小。

創意解方

- 創意並非一定要提出一個前所未聞、高額預算、與神同行的超強企劃；相反的，什麼是好創意？不管是用過的舊方法，或是與他人合作共創新解方，或是提出對現有服務進行優化的點子，只要可以解決核心議題的方法，就是好創意。
- 可先聚焦在某個可預期、可理解、有待被解決的核心議題。

改變評估

- 有了具體的服務議題，加上問題導向的創意解方，要怎麼知道我們的投入確實有效可行呢？那就來到驗收期末考的自問自答：「因我的行動或投入，我們關心的這個女性群體改變了什麼？」「真的嗎？」
- 這個改變過程有時會很漫長，因此需要在初期就先設定指標，以便過程中不斷自我檢視。
- 在服務設計發展初期，除了擬定策略和解方，也須同步思考如何驗證假設，例如：運用訪談資料、量表來比較客觀差異與主觀感受。
- 能具體說出「改變是什麼」的服務設計，才是真實的好設計。

第4章

指南針：女性議題的精準定位

在投入創新服務之前，我們需要先預備好心態，不踩誤區、也不誇飾問題，下面的步驟，可以幫助我們找出女性相關議題的精準定位。

從「零基思考」開始

「零基思考」一詞，是從零基預算借用過來的，零基預算的概念是指，許多人編列預算常常用過去的經費來進行增修，這樣的工作方法可能忽略實際上預計完成事務的內容設計和效果效益的變動性，所以要「從零開始」規劃經費。

「零基思考」應用到服務設計上，我們應該讓行動「以終為始」，不斷的推導、驗證行動的設計，是否幫助翻轉我們最終想看見的改變。

練習「敢按呢」問對問題

史丹福大學心理學家艾默士・特弗斯基（Amos Tversky）曾經在研究中指出：「人們對採取新行動所導致的不良後果，通常會比人們採取不作為而導致的不良後果感到更大的遺憾。」因此，為了避免遺憾，我們可以持續練習「敢按呢」的自我對話。

「敢按呢」的自我對話，最重要的核心便是：不斷探問事物的本質，不斷提醒自己留意對事物的詮釋和掌握，是否真的如我想像的這樣？當能整理出具體的路徑，抽絲出歷程，那對於定錨和決定切入的行動有著莫大的幫助。

敢按呢：「問對問題」的四個步驟

第一步，建立問題本質的思維：

從關心的現象出發，爬梳各種資訊，包括次級資料或一手資料，例如：研究、調查、數據、報導等，增加對於資訊的掌握和了解。並試圖進行理解和歸納，分類出重要的訊息和次要重點。

與女性相關的各種數據，可參考行政院性別平等會的「消除對婦女一切形式歧視公約」（CEDAW）及每年出版的「性別圖像」。衛福部社家署也設有《婦女服務資訊平台》，以及各地方政府每四、五年會進行一次「婦女生活狀況調查」，都提供了大量與女性處境相關的數據。

不過，在社會議題中，多數的次級資料能夠呈現出來的需要和期待有限，因此需要進一步分析和理解。這時候你可能需要進行一系列的一手資料蒐集，例如，透過田野調查、人物誌蒐集、利害關係人訪談、焦點團體、問卷調查等不同形式，掌握更充分的聲音，才能進一步去分析現象背後實際上的問題核心，幫助你掌握本質。

第二步，建立觀點：

數據資料是客觀的，需要經過對比或推導才能得出意義。我們可以試著這麼分析：

- 從這些數據得出什麼現象？
- 從這個現象會產生什麼問題？

舉例來說，花蓮縣統計，年輕小媽媽的比例為9‰，高於全國的4‰。看到這裡，千萬不要急著跳進思考誤區，開始推動很多小媽媽的服務。很年輕當媽媽不一定伴隨著問題，如同前面提到的，數據是客觀的。小媽媽說不定體力更好，但也可能需要中斷學業；小媽媽不是真正的核心問題，小媽媽如果有照顧疏失或經濟缺口才是問題。所以需要經過對比及推導，才能得出核心的服務議題。

第三步，光圈聚焦：

當事物被爬梳得越清晰，你會發現議題的多元交織性，恐怕需要長時間的行動才能形成改變。但別急著投入大量經費和人力，你需要的是聚焦短中長期，創造出你的行動歷程，同時橫向考量現有資源和時間，選擇出必要性和緊急性的第一階段行動。

再練習一次，根據《二〇二〇年婦女需求趨勢研究報告書》指出，對比東部與六都的離婚率，東部較六都高，我們便可假設東部的中高齡獨身婦女的議題有其迫切性。對比出需求，接著對應可延伸哪些服務，也許是「心理健康」、「退休生活安排」、「社會支持」，運用數據進一步爬梳中高齡獨身婦女在哪些服務面向更迫切。

第四步，避免進入誤區：

「當蒐集到的數據越廣，觀點就可以建立的越全面」，這句話看起來很合理，但其實忽略了觀點建立者本身的文化背景、經歷視野，有可能成為「善良的歧視者」。

避免成為「善良的歧視者」

韓國曾有一起糾舉事件來自於對著工作人員稱呼先生／女士，引發了這種稱呼背後存在著貶低勞工的爭議。為什麼呢？原來是因為當時單位為了區分兩類同職等，但不同聘用來源的工作者，設計了不同顏色識別證，久而久之影響了民眾的認知，形成了當民眾走進辦公室內形成兩類不同的稱呼，正式工作者被稱為長官，一般人則是先生與女士。

前面加「先生、女士」看起來似乎沒有什麼大問題的詞彙，被放在職場結構體系中，變成了一種具有差別性作法的問題，那些看似無心的舉動，事實上可能存在著歧視。金知慧在《善良的歧視者》（簡體中文版，東方出版社。繁體中文版譯為《善良的歧視主義者》，台灣東販。）一書中另外舉出了兩個情境，試著讓大家理解在日常裡無意的「善良歧視」，例如對新住民說：「你根本像本地人。」對行動障礙者說：「請懷抱希望喔！」這些語言都會讓讚美、祝福變質。

作者指出，以自身觀點出發進行判斷和對話，是一種隱藏的優越感標籤。這樣的隱藏優越感可能是我們從來沒有想過的。因為健康、醫療、教育、文化、娛樂等等的資源配置，形成了一個人能夠怎麼生活、生活得如何，某種程度上也代表了每個人在社會中的特權。

那麼，我們在服務設計的思考過程中，要如何避免自己成為那個「善良的歧視者」？

以我們曾經參與的嘉義市彩齡夢想館「中高齡婦女服務設計」為例，現今許多針對「社會參與」的調查經常依據「是否擁有穩定社交」作為重要指標。但研究顯示，30%～50%的人屬於「內向者」，喜愛與親密的朋友在一起，他們是最佳的傾聽者，習慣深思熟慮後才發言。不過一般人常把害羞、孤僻與內向性格混淆，認為內向者比較害羞、不會熱絡參與活動，站在這樣的隱藏優越感中，內向者就被設定成為需要被服務、被增能的群體。

我們也發現，比對公部門在不同局處辦理的對外課程，參與者重複的比例相當高，顯示儘管活動事前做足宣傳，但仍只能觸及同溫層裡的那群人。比起參加一堂團體手作課程或有氧運動，內向者寧可待在自己的小宇宙裡，與親近的友人來往，交流自己感興趣的議題。

我們發現這群女性的獨特樣態：她們喜歡私下的交流、善於傾聽；我們據此特色，發展出新型態的婦女服務設計，將服務延伸至場館以外，刻意培力一群女性與一群原本社會參與率較低的女性建立穩定的互動關係。

在這樣的設計下，既尊重不同女性的差異性、不勉強每個人都必須到場域使用服務，這類看不見的情感寄託，無形中更撐起一種人際互助網絡，讓需要幫助的女性不需擔心求助無門。我們可試著用折手指練習，檢視自己是否影藏了優越感與善良歧視。

做完了「折手指練習」的十道題目，你會發現，因為世代生活背景、社會開放程度和資訊的差異，身處不同社會脈絡下，必然會影響處於不同生命階段或群體的女性的生活和選擇。因此當我們為跨世代女性、不同群體女性設計服務時，不僅要嘗試理解她們的真實處境，更需要反思自己所站立的位置是否有盲點，這是一種「反身同理」的展現，才能設計出合宜的服務。

所以，無論你是關心女性議題的人，或是正在實踐社會行動，都必須理解當我們在幫助某些族群對象發聲時，我們需要隨時檢視自己的思考、言語和行動，正如金知慧《善良的歧視者》一書為社會下了一個殘酷卻真實的註解：「人要不（產生）歧視的機率，基本上趨近於0」，用來提醒讀者，特別是關注社會群體的你我，留意思考判斷和善良的歧視，因為當我們在思考社會議題或設計時，可能也存在著這樣的風險。

折手指練習：檢視隱藏的特權與優越感

國外曾經出現過一個特權測驗的小活動「折手指練習」，透過折手指體會自己與他人在不同社會處境下的差異。練習一開始，每個人先伸出手指頭，依照聽到的問題，若自己曾經有過這樣的經驗就把手指頭彎下來，沒有則不需要動作，用來讓大家測試什麼是特權，看到這裡的你，也可以試試看。

折手指　練習一：

1. 你是否曾經因為種族被他人起過外號
2. 你是否曾經無緣故的被人在店裡頭盯著
3. 你是否曾經有人因為要躲避你而刻意過馬路
4. 你是否曾經有人跟你在同一個電梯裡時，刻意夾住自己的包包
5. 你是否曾經有人留步，就是因為不想跟你坐同一台電梯
6. 你是否曾經被質疑無法負擔昂貴的物品
7. 你是否曾經因為被警察擋下時感到非常害怕
8. 你是否曾經被警察無緣由的擋下或拘留
9. 你是否曾經純粹因為種族而被人霸凌
10. 你是否曾經只是因為膚色而被拒絕服務

如果你還有手指仍然沒有折下來，那便是特權。這裡的特權指的並不是你另外擁有的某些權利，而是指在社會中，人時常因為年齡、種族、性別、膚色、教育、居住等等獲得不同的社會資源，有些甚至並不是我們極力爭取而來，而是與生俱來的被給予的；那些不一定靠著努力便擁有的資源和生活，便是一種特權。

我們再設計出靠近這本書的主題，想像我們和自己的奶奶一起進行「折手指」練習時，以下這些題目會不會產生不同？

折手指　練習二：

1. 我曾經因為去大醫院花上30分鐘的交通時間
2. 我曾經因為家裡沒有白米飯只能吃地瓜
3. 我曾經因為家裡沒辦法供我讀書放棄上學
4. 我曾經因為跟不上流行，而被身邊的人取笑
5. 我曾經被別人當面說，我應該幫忙分擔家庭重擔
6. 我曾經因為月經來，覺得很不好意思
7. 我曾經接到各種來電，告訴我關於小孩的事情（包括學校、親友等等）
8. 我曾經因為結婚生子擔心工作影響或不保
9. 我曾經因為結婚生子被告誡要以家庭為重
10. 我曾經想過下輩子再出生，不要再做自己現在的這個性別

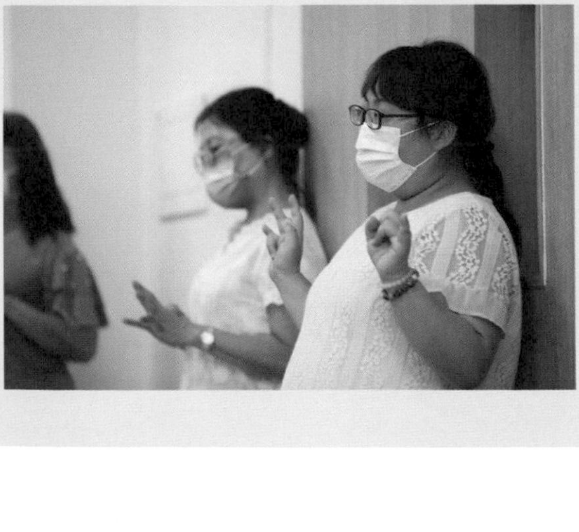

避免「定錨效應」陷阱

心理學上的「定錨效應」，講述的是當人們受到第一印象或初始認知的影響，決定了事物的走向，這很有可能落入定錨效應的風險，白話來說就是「先入為主」，例如：「許多需要身兼照顧角色的女性，『都』傾向非典型就業的工作。」

這句話本身就具有「定錨效應」的陷阱，帶著直覺判斷的潛在風險，常讓人一不小心就成為「熱情的誇飾者」。例如，家庭照顧者的女性，很可能是受到家庭成員間的壓力、工作或生活被相對剝奪等等許多變因影響，而非「傾向」選擇非典型就業。又例如，許多社區工作者觀察到男性在社區活動中心裡經常群聚泡茶，就簡單判斷男性喜歡靜態活動多過於動態活動，卻忽略去分析活動設計本身是否吸引男性喜愛。

再舉一個例子，因應現今社會出現太多網路感情詐騙，有人預計推出一套牌卡，想要透過遊戲過程，測試出遊戲玩家（特別是女性）未來在網路交友被詐騙的風險程度。這樣的服務設計是為了提醒女性網路交友別被詐騙，立意良好，如果牌卡設計邏輯恰當且符合女性交友過程的狀況，也許也會成為不錯的工具。

但當我們再度深思議題背後的原因，也許可以進一步提問：

1. 她們是什麼原因而選擇用網路交友？
2. 她們是因為比較害羞？還是因為現實生活沒有認識新朋友的機會？
3. 她們對於交友的期待與需要是什麼？

我們發現，女性選擇網路交友背後的原因其實非常複雜。所以想要解決的問題，僅僅是想要預防她們被詐騙，還是可以更積極為她們創造低風險的交友管道？這也就是前面不斷提到的，必須回歸問題的本質。

例如，有些女性是因為想要找尋志同道合的朋友，但因為身邊沒有興趣同好能夠組成社群，因此透過網路交友。我們進一步思考：那她們所期待的同好組成的方式、頻率、場域又會是什麼，慢慢勾勒出一套我們所能提供的服務，可以幫助女性組成社群、獲得朋友，而且是在安全且自在的互動過程下，大大降低網路交友的風險；而不是先預設，處理網路交友的問題只有預防詐騙一個選項。

交友詐騙是使用網路作為交友媒介伴隨的風險，我們若爬梳問題核心，應是優先去設計與創造這群女性交友需求的服務，輔以降低詐騙的風險。

當你在思考社會議題時，不妨先寫下你關心的議題目前面臨觀察到什麼問題，接著試著寫下背後形成此問題的各種可能原因，這些可能原因或許才是你需要面對和解決的狀況，它們反映出問題本質。當我們不斷練習拆解問題背後的成因、改善成因的處境，才能真正回到本質，提出合宜的設計。

小結

在這一章裡，我們想傳遞的女性服務設計策略心法，最重要的啟動信念是「以終為始」，「零基思考」是最關鍵的策略行動；「善良的歧視者」或「熱情的誇飾者」則是提醒你一路上可能誤觸的地雷區。

接下來，我們將探索解決問題的三種思維方式。

Tips

______（對象）需要

______（需求）

因為對他／她來說，

______（洞察）很重要

第 5 章

創意解方三維度

很多人聽到創意都會擔心，我好像不是一個很有創造力的人，我提出來的方法不是很特別。但我們應重新定義創意：創意就是解決問題。

比起認為自己想不出新方法，妄想著用一套方法可以解決所有的問題，或是明知問題沒有解決卻一再使用老方法，不尋求突破才是大問題。

這裡，我們試著區分解決問題的三種思維方向，搭配我們實際參與設計的案例示範，你將會發現，其實人人都可以是創意家！

維度一，務實思維
梳理問題核心，設定可行解方

許多人在發展策略時，習慣先想「我要做什麼」，但我們應該先反問自己「是基於想解決什麼問題？這個問題是真正的核心問題嗎？」先梳理出問題核心的本質，再來設定具體可行的解方。

案例一

台中市政府社會局過往服務「非預期懷孕女性」的經驗發現，這群女性7成的原生家庭疏於照顧、66％是家暴目睹兒、55％是低社經地位，甚至有些女性因為缺乏好的依附關係，多次遇人不淑，反覆落入處境不利的負面循環。過去社工收到訊息時，已是事情發生後，便需要啟動一連串緊急的安置、醫療、補助等服務。

經過多年的經驗與追蹤，可以發現，提供這群年輕小媽媽服務固然迫切，但唯有讓她們看見自我價值，對於未來有思考和期待，搭配支持服務才能真正有效促進其生活動力，不落入負面循環。因此，我們想試試帶著這群彷彿身處迷霧中的年輕小媽媽，從源頭啟發不一樣的思考。

除了原本社工就很擅長的個案服務，提供引導會談、資源連結等直接服務，他們也向心理諮商專業取經，收斂社工與心理諮商兩大專業，規劃一條針對年輕小媽媽的生涯引導模式；希望讓她們能夠跳脫未成年懷孕造成的生涯發展困境，找尋人生的方向和行動，得以穩定就業或者繼續就學。

我們發現這個方案非常複雜：處理就業培力時，同時還需連結托育資源；討論依附關係時，可能需要梳理年輕小媽媽與其原生家庭的糾結；再加上社工也無法陪伴這群小媽媽走一輩子，最後，我們回到「自我價值」的核心議題上，在社工的支持下，陪伴小媽媽一步步檢視自己的生涯決定造成的影響，與這些決定伴隨的風險和機會。我們希望，透過這段時間的陪伴，讓小媽媽養成「為自己設計人生」的能力。社工也同意，我們不能直接告訴小媽媽什麼答案比較好，而是陪伴她們一起梳理，讓她們更清楚知道自己的盲點，也知道未來需要怎麼運用自己手邊的資源。

年長女性結合料理與人生故事，開啟豐富的退休生活。

案例二

台東縣政府也有類似的發現，他們觀察到當地婦女勞動參與率低，很多女性一輩子都沒出過社會，忙於料理家務；退休後即使會參與社區大小事，但仍不習慣為自己發聲，過著無薪、無話語權的人生。台東發現女性的自我肯定和自信心較不足，規劃了從女性生命和潛能的爬梳中，陪伴走向展現自我價值的舞台，貼近生活體現女力。

台東縣政府社會處為年屆花甲的他們打造了退休支持的平台。藉由生命歷程引導，肯定這群婦女的人生經驗，共創退休行動。這群婦女紛紛在引導後，自主提出想寫下自己的料理故事書的構想，是一種文化傳承，也是專長技藝的轉化。

有位年近六十的女性分享了看似普通的醬油蒸蛋。小時候的她，家境不是很好，逢年過節才能吃到雞鴨魚肉，偏偏她又很偏食，母親為天天為她絞盡腦汁，用普通食材不斷變出新花樣。這道醬油蒸蛋便是母親常做的料理，她至今還記得蒸蛋上一個個小氣孔，用湯匙挖出一個洞後，下方的醬油湯汁熏起的蒸氣。雖然是非常家常的料理，但體現了一位母親的愛與智慧。

我們便以這樣的人生故事，搭配在地食材，做成一道道賞心悅目的料理。過去姐姐們只是待在廚房，單純為家人料理，但現在這些專長竟然再度進化，她們學習擺盤、製作食器，過程中她們彷彿成了私廚。台東縣府也為她們連結了在地餐飲業者提供兼職機會，讓這群沒出過社會的大齡女子藉此增加收入。過程中更運用她們的專長，結合個人與料理的人生故事，透過生命梳理、轉化與技藝培力，讓原本沒有自信的女性長輩開始啟動豐富的退休生活。

維度二，突破思維
導入創新元素，加值既有服務效益

在一些現行的服務基礎上，我們觀察到，隨著服務深化、時代變遷，有一些新的需求正在發生。這時候不用急著砍掉重練，我們可以展開「突破思維」，啟動跨域合作，善用1+1大於2的附加效益。

案例一

現行很多單位都想要提供「中高齡婦女服務」，希望為這些即將或是已經退休的女性設計出滿足服務缺口的內容。台南市社會局卻將熟齡族視為一項「發展退休服務」的寶貴人力資源。他們長期推動「布藝圓夢工坊」，為熟齡女性提供縫紉專長的學習平台，婦女可以透過車縫小袋子、布包等織品獲得零星收入。

台南市政府社會局發現，熟齡女性因為生命閱歷豐富，也期待能夠貢獻社會，因此開始思考「有沒有可能設計一種結合縫紉技能的療癒模式呢？」社會局夥伴依循縫紉需求做調查，在家事整理的線上社群發現，民眾經常分享：「過世親人的衣服捨不得丟，但留著又占空間」、「這是家裡貓咪最喜歡的一條毯子，看到毯子就讓我想起過去的回憶」……這些捨不得丟棄的衣物布料，代表一份放不下的情感，如果可以透過傾聽、引導加上熟齡女性的巧手改造，是不是可以轉化回憶，讓紀念物用另外

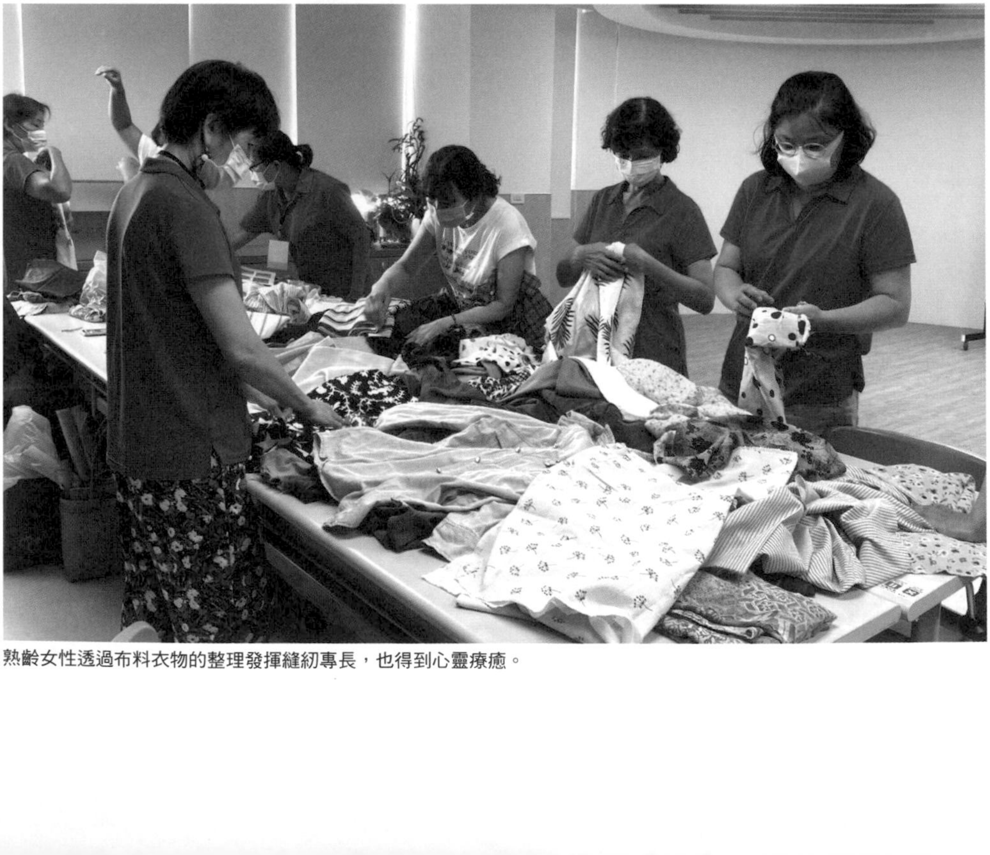

熟齡女性透過布料衣物的整理發揮縫紉專長，也得到心靈療癒。

一種方式繼續陪伴大家？

我們於是找來擅長藝術治療的引導老師，帶領著女性長輩實際操作，不僅持續精進大家的縫紉改造技術，也希望可以發展出更多「引導分享」的模組，既可以陪伴、轉化某人的生命，也可以讓這份紀念衣物的心意延續。

≫維度三，影響思維
發揮影響力，讓服務造福更多人

當我們可以務實地解決問題，也能游刃有餘連結其他單位、結合其他議題創造出新的服務模式時，那就可以再鍛鍊，跳脫解決問題的層面，進一步思考「我如何使這項服務盡可能造福影響更多人？」並積極運用設計的服務模式，解決複雜的多元議題。

案例一

桃園市社會局的「桃姊妹經濟培力計畫」也是一個運用影響思維的案例，社會局攜手婦女團體投入婦女的就業設計。

他們發現，因為食品加工門檻低，婦女常販售手做料理賺取收入，於是整合二度就業婦女的就創業資源，打造女性友善培力基地。

基地設置友善就業餐廳、親子空間、多元職種訓練教室，讓婦女可以帶著孩子參與課程及就業。市府也積極洽談友善企業的名單，讓婦女完訓後不用擔心求職碰壁。

案例二

花蓮縣政府社會處的案例，將影響思維發揮的相當完整。

根據花蓮縣統計資訊服務網之統計，截至二〇二二年九月原住民人口數為 93,417 人，其中女性人數共計 46,447 人，比例占 49.7%，過去調查發現「家庭照顧」、「交通問題」及「個人特質」是原住民婦女未就業之原因，另外原住民女性沒有參與社會活動的比例高達 40.6%。並且以整個花蓮縣而言，女性受到疫情造成就業與社會參與的影響最大，因此在二〇二〇年出爐的「花蓮縣婦女生活狀況調查報告」中分享到，期待能「結合社區資源打造在地工作模式，並設計女性的社會參與機制」。

從上述的調查報告中，我們不難發現兩個重要的議題，「工作模式的創造」、「社會參與的機制」。但是問題來了，什麼樣的工作模式和社會參與是比較適合原住民區域的理想型態？

「移動」是我們在花蓮計畫發展中時常談論到的詞，也蘊含時代歷程中原住民生活發展脈絡。民國六十年代，受台灣社會工業化與都市化脈動的產業影響，形成許多區域的人口移動，在這個時期也有許多原住民至都會區域打拼工作，形成了後來的都市原住民發展，時日至今形成高齡為主的人口M型現象。

而另一種「移動」也在原鄉中形成，那就是女性的公共參與腳步。光復鄉，位於花蓮的中央，有兩大古老的阿美族部落馬太鞍即太巴塱。幾年前，有一群在地女性共同集結形成「太巴塱 INA 好野味 SEFI」團體，以「關心生活」「共同生產」為核心而組織在一起。

「好野味 SEFI」指的是野菜與廚房，象徵過去部落女性以飲食照顧族人，當鄰居彼此忙碌時，便會彼此支援照看農務和老小，希望透過互助力量，創造經濟與生活；然而，這樣的部落傳統價值，卻在時代變遷下，因為族人移動和世代演進中慢慢地被稀釋了！這群在地女性透過對社區生活的高度參與，創造出新的服務與工作機會。

另一個重要觀察是，在近二十多年來的原鄉服務演進下，台灣的原鄉發展，逐漸強調「培養原住民工作者服務原鄉部落、以家庭為中心」，其中最主要的服務單位便是「原住民族家庭服務中心」，因應在地化需要滿足部落民眾和家庭，發展出屬於原鄉的介入方法。天主教善牧基金會長期投入原鄉部落服務，發現在尊重傳統社會工作模式和部落文化、歷史脈絡下，雖然強調以原鄉為主體設計服務，但若只停留在補助或短期的服務，往往只能治標不治本。因此在創新服務的設計過程中，融合「權利取向」的概念，期待在發展過程中讓婦女成為主體，讓她們能夠掌握自己的權利，並成為部落重要的投入者，才是核心關鍵。

透過上述的爬梳和彙整，我們整理出原鄉發展的重要心法，順著部落特有的文化脈絡，共同定義目前待被解決的需求缺口。過程整合在地能量，用在地人解決在地人的問題。提出兩大關鍵：

1. 成立與發展出兼具經濟力量與互助力量的女性團體，透過共創經濟發展和社區互助行動，創造部落的生活力量。
2. 匯聚與形塑出屬於部落核心和共同工作的夥伴團隊，透過工作模式建立和互相串連分享，形成原鄉工作的信念。

我們花了許多篇幅分享桃園與花蓮的案例，接下來，該如何更好的和他人分享議題、解方，進而促成改變呢？讓我們一起來學習如何善用「影響力評估」。

鼓勵部落女性投入社區的共同生產，創造新的服務與工作機會。

第6章

改變溫度計：善用「影響力評估」

前面的篇章說的都是建立心態，不誤入盲點。從你關心的女性群體開始。去觀察、去提問：這些女性怎麼了？你打算怎麼做？

然而，這些策略確實有效嗎？怎麼知道有效？要怎麼和他人說明，因為自己的投入與設計，為哪一群女性產生了什麼樣的改變？要如何對關係利害人說明你帶來的影響？要如何對公眾與其他潛在服務對象擴散你的服務經驗，以期帶來更大的影響？

本節介紹幾種「影響力」的評估工具，讓你能夠具體分析、評估這些服務設計所創造出的影響力，並輔以具體案例分析。

「社會影響力」評估工具

「影響力評估」的流派眾多，例如被英國政府列為政策投資評估工具的「社會投資報酬率」（Social Return on Investment, SROI），評估當我們投入一元，可以產生多少元的價值？以及歐盟「社會報告倡議組織」（Social Reporting Initiative, SRI）所建立的「社會報告標準」（Social Reporting Standard, SRS）為基礎，針對計畫進行社會影響力的蒐集與呈現。

考量「社會投資報酬率」SROI須由第三方公正單位評估，且須具備高度經濟專業，現行許多中小型單位無法自行操作；我們較偏好使用歐盟「社會報告倡議組織」所建立的「社會報告標準」SRS

● 社會影響力架構圖

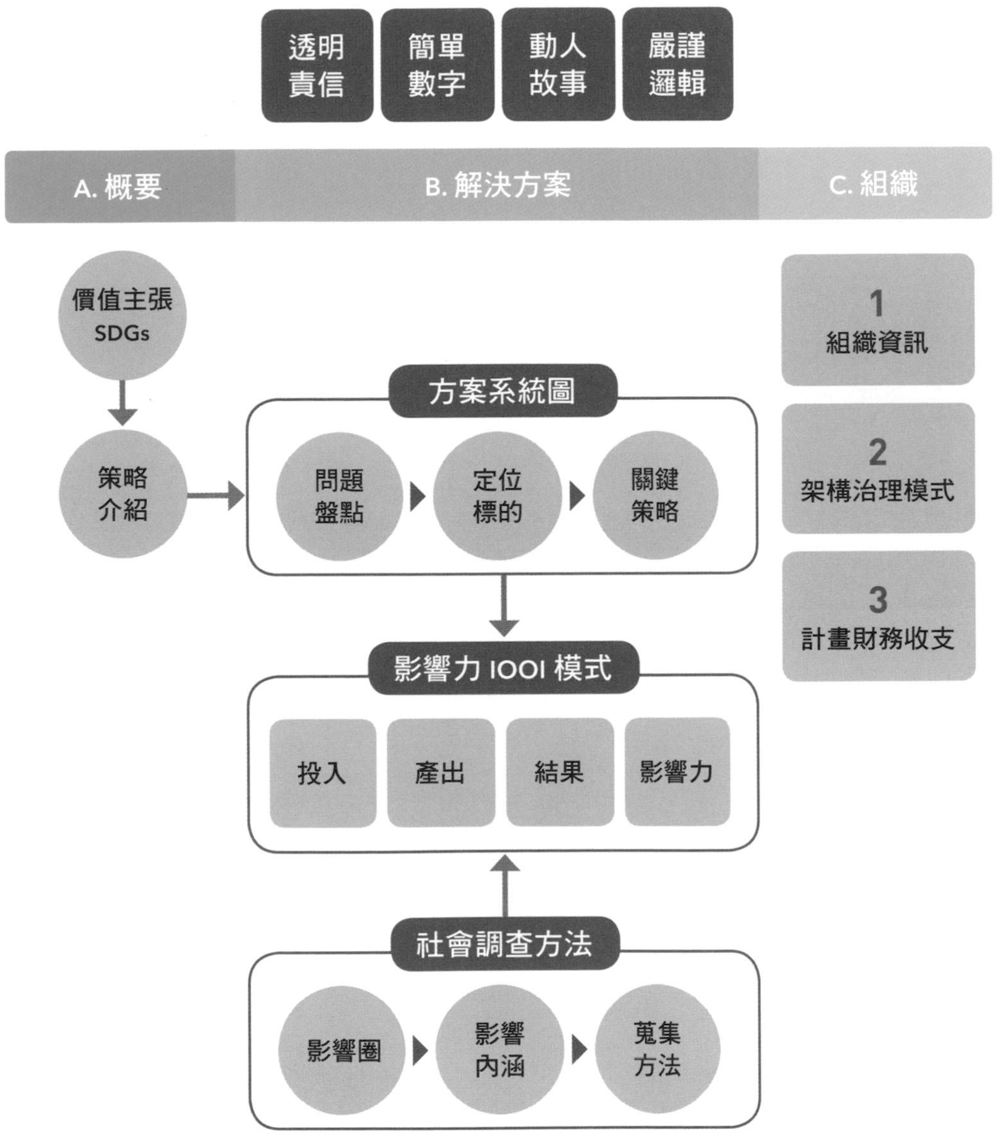

來源／整理自汪浩《社會影響力操作手冊》
製表／串門子社會設計

作為服務效益的評估基準。

另外，我們也對應聯合國永續發展目標（Sustainable Development Goal，簡稱SDGs），運用輸入（Input）、輸出（Output）、成效（Outcome）、影響力（Impact），勾勒計畫發展中觸及的潛在關係人及影響力分布，並客觀預測可以運用哪些資料蒐集方法得出成果及成效，希望我們努力做好事的效益，能夠被清楚完整的展現。

最基礎的簡答題便是回答：

- 因著我的輸入（Input）、得到什麼輸出（Output）？
- 什麼改變了（Outcome）？
- 若持續發展，會帶來哪些影響力（Impact）？

1. 輸入（Input）：進行的關鍵服務，簡單來說就是你做了哪些？這個包含層面很廣，小的組織行政管理面的資訊系統，大到為二度就業婦女辦理的培力工作坊、職場適應支持團體都算。
2. 輸出（Output）：也有人稱成果，意即完成的結果。例如：參加人數、場次數量、觸及的組織、性別比例、滿意度、影片等。客觀的回應，因著投入，得到什麼。
3. 成效（Outcome）：有哪些改變了？可以包含過程改變和結果改變，量化或質化的改變都可以。我們通常會用認知態度行為等3種指標來評估改變的幅度。
4. 影響力（Impact）：長遠來看，這些成效終將帶來哪些影響？

知道輸入到產出，並帶來哪些改變成效與影響力後，我們可以如何測量呢？可以觀察「知識」、「態度」、「行為」三個面向。

- **知識**：傳遞對方本來不知道的觀念或知識，透過這項介入使其經驗和感官獲得知識及意識上的轉變或提升。

- **態度**：評估對方主觀上的感受、信念與意圖是否產生改變。例如：原本悲觀消極，但後來自我效能提升，認為自己可以做到更多事。
- **行為**：因著這些服務的投入，對方產生什麼實際的行為改變？例如：原本對方足不出戶，經過引導後，願意開始參與社區活動。

● 改變象限與檢核：

透過盤點服務的改變程度和自我檢核，幫助思考帶來的影響力

改變象限圖

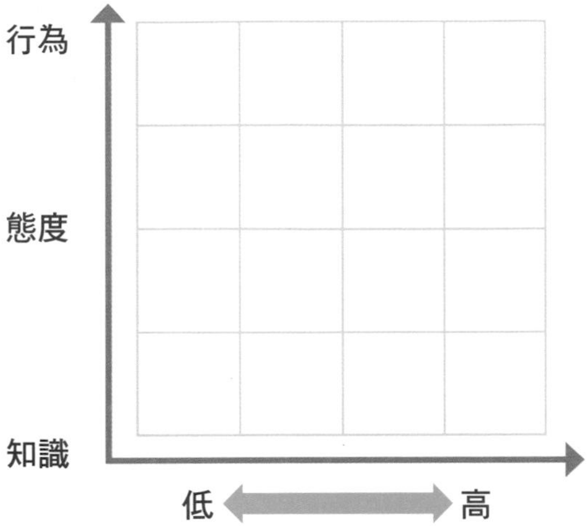

自我檢核策略表

<table>
<tr><th>序</th><th>檢核面向</th><th>自我評估，0-5 分</th></tr>
<tr><td>1</td><td>真實掌握服務對象的生命經驗</td><td rowspan="6">0-12 分：
建議透過資料蒐集，再更加了解服務對象！
13-18 分：
建議參考其他案例，幫助有效的設計方案！
19-24 分：
建議再次檢視計畫，了解是否有前後對照！
25-30 分：
建議進行夥伴討論，幫助確認完整程度喔！</td></tr>
<tr><td>2</td><td>有清楚的資料蒐集和整理過程</td></tr>
<tr><td>3</td><td>有清楚闡述問題和發生的原因</td></tr>
<tr><td>4</td><td>設計具有改變效果的策略方法</td></tr>
<tr><td>5</td><td>設計可以反映改變的測量工具</td></tr>
<tr><td>6</td><td>呈現清晰易懂的圖文整理方式</td></tr>
</table>

這三個面向，也可搭配一些指標。

案例分析

我們特別想分享金門縣政府社會處的案例作為影響力評估的例子。

一份由串門子社會設計、衛福部社家署及知名媒體女人迷發起的問卷調查《女性理想生活大調查》，調查女性在人生發展上面臨的經濟、照顧、關係、健康、生涯規劃等各不同議題上的現況與需求。

調查結果指出，將人生目標定為「個人專長或興趣能有所發揮」的女性高達7成。比起跟隨市場趨勢與脈動，她們更希望能夠找到符合個人能力、興趣的工作。然而，有44%的女性在找工作時是誤打誤撞找到的，而沒有明確的脈絡和方法。

回想一下，你還記得15至22歲的自己嗎？大多女性仍處求學階段，擔心要選哪門課、跟伴侶的約會、要找什麼打工？要不要現在開始準備研究所？但有一群女性，高中職畢業便提早步入婚姻，當了

為年輕媽媽規劃一系列課程，分享彼此的生活與學習體會。

媽媽、成為某人的伴侶及媳婦。

金門縣政府觀察，二〇一四至二〇二〇年間粗估約有逾百名年輕女性已生育子女，步入婚姻。也因為同儕仍身處校園，年輕媽媽提早面對新的人生課題，像是：生理變化、伴侶關係、姻親關係、教養議題等，卻很難在同儕間找到有相同經驗的人討論。即使金門的型態多為大家庭，經濟功能無虞，這些年輕媽媽並非傳統社會救助扶助的對象。但年經媽媽們因缺乏經濟自主權、話語權，使得她們不曾、也不敢想像自己的生涯規劃，更遑論跨出改變。加上因為資訊落差，對於未來職涯發展也無法做具體規劃，大大影響這些年輕女性的選擇權及自信心。

金門縣政府社會處，找了一群年輕媽媽，規劃一系列課程，探討自己與社會角色期待、關係與情緒、育兒照顧、藝術輔療等一些無法在學校習得經驗的課程。一群年輕媽媽，真的就像大學修課一樣，平常忙著自己的事，同時共同選修這門《大人學》。時間一到，大家就會聚在一起討論，除了老師引導，也會特別保留時間聊聊彼此的生活與學習體會。

除了專業面的學習，更重要的是串起一面同儕支持網絡。例如有位成員感慨：「結婚前伴侶都說懷孕了就生下來，我們全家都會一起照顧孩子。可是沒人說生完小孩後會佔去自己這麼多時間，甚至沒人說生完小孩會漏尿，這些話題真的都不知道跟誰聊。」

也因為認識了這群網路上的媽媽同學，大家很有革命情感。知道彼此都是年輕媽媽，擁有相近的經驗，聊起生活及育兒苦水很被支持——原來當媽媽這麼不容易！雖然這一系列課程不能面面俱到，但撐起一面溫柔接住自己的安全網，卻可以陪伴大家長長久久。

此一案例帶來的改變與社會影響力，可以用以下方式梳理、評估與呈現。

小媽咪午茶會 X 金門縣政府社會處
改變溫度計

<table>
<tr><th>輸入
INPUT</th><th>輸出
OUTPUT</th><th>成效
OUTCOME</th><th>影響力
IMPACT</th></tr>
<tr>
<td>個別生涯會談
1.個別深度會談，了解其生命歷程與價值興趣
2.以卡牌帶領探索生涯興趣</td>
<td>1.十次一對一深度訪談，了解目前的生涯規劃及團體成員生涯困境的成果調查。最後也協助媽咪於成果發表中展現自己的收穫與將來期待。</td>
<td>提升自我效能
100%的成員皆可以清楚說明自己的生涯目標與相對應的挑戰
<table><tr><th>知識</th><th>態度</th><th>行為</th></tr><tr><td>✓</td><td></td><td></td></tr></table>100%的成員對於育兒照顧有更高的掌握度、情緒也更為穩定
<table><tr><th>知識</th><th>態度</th><th>行為</th></tr><tr><td></td><td>✓</td><td>✓</td></tr></table></td>
<td rowspan="3">1.因提升自我效能，擁有好的同儕支持，便能更肯定的完成未來生涯決策
2.因為得到完善的育兒知能，使其照顧品質提升、減低照顧壓力，小孩也能獲得較完善的照顧</td>
</tr>
<tr>
<td>多元引導課程
包含育兒、生涯、角色平衡、情緒、藝術療癒等多元主題的課程</td>
<td>2.帶領媽媽嘗試多重領域，包含情緒、照顧、關係角色等主題，以拓展不同的生涯想像，在自己感興趣的職涯方向中，取得相關的從業經驗與資訊，並且做出實際行動。共 10 堂課程，累積參與 34 人次。</td>
<td>經濟自立
經過會談、探索引導後，2 位成員決定創業
1 位開始烘焙創業計畫，接單製作手工餅乾，並開啟社群帳號宣傳。另 1 位開始美容創業計畫，裝潢店面，並預計於 2023 年開幕。
<table><tr><th>知識</th><th>態度</th><th>行為</th></tr><tr><td></td><td>✓</td><td>✓</td></tr></table></td>
</tr>
<tr>
<td>同儕支持團體
補充因中斷學業、進入家庭而缺席的同儕角色</td>
<td>3.同步建立線上虛擬團體與實體聚會，提供平台、舉辦活動共 30 場次。鼓勵同儕互助，成為彼此的支持力量。</td>
<td>形成同儕支持團體
100%的成員願主動推薦小媽咪的團體給身邊親友
成員對於參與團體的非常期待，也觀察到在創業過程彼此互助且分享生活大小事
<table><tr><th>認知</th><th>態度</th><th>行為</th></tr><tr><td></td><td>✓</td><td>✓</td></tr></table></td>
</tr>
</table>

Part III

女性生活設計

國際篇

第7章

經濟與就業設計

經濟是行走在人生旅途中必備的根基，女性受到傳統性別角色與社會結構的桎梏，面臨無酬低薪、就業機會不平等、同工不同酬等問題，導致經濟自主權低落，時至今日生育、照顧等議題，也可能影響女性的經濟就業選擇。

而經濟狀況也會間接影響女性人身安全、身心理健康、生涯規劃、社會地位等方面的自主性，這正是為何世界各國都有人持續努力跨越藩籬，追求女性在經濟與就業上的平等。

案例1 美澳紐 Dress for Success

服務效益遍及143個城市，支持女性職家平衡

以提升女性在職場中的位置，降低弱勢女性受到經濟和生活風險影響的 Dress for Success，是從曼哈頓一座教堂地下室開始的。創辦人 Nancy Lublin 運用祖父的五千美元遺產，構思出 Dress for Success

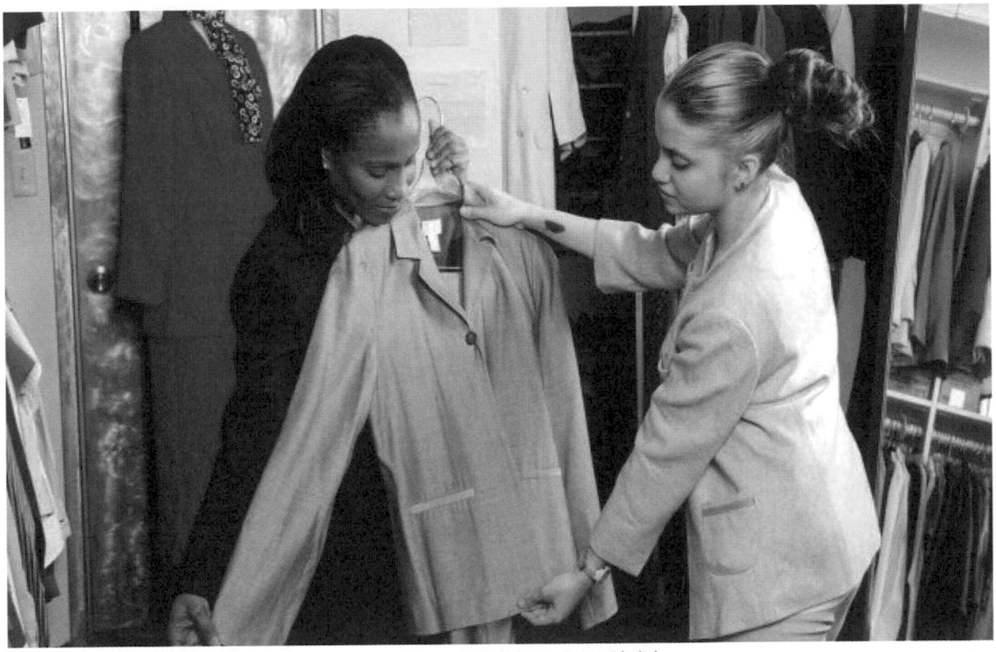

Dress for Success 為女性求職者建立友善支持系統。（圖片來源／ DFS 臉書）

的模式，自一九九七年開創以來，目前已經擴展到23 個國家 143 個城市之中，累積支持超過 130 萬名女性，實現經濟就業的理想，其中大多數服務對象為經濟弱勢、跨種族和單親女性。

鼓勵女性走出家門到成功就業，這一段路途的跨越其實不容易，Dress for Success 首先爬梳困擾女性就業的三大面向：「不知道適合的職業方向」、「缺乏面試信心和預備」、「組織聘用的刻板印象」，他們針對這些相當普遍的困境著手展開服務設計，包含提供女性職業諮詢、面試準備、服裝打理，同時積極開發社群、組織合作，以期建立對女性更具支持性以及友善的環境。這一套模式，在不同國家更因應地方樣態而調整，因此發展出多元性的樣貌。

Dress for Success 了解女性在進入職場前需要有人支持與對談，因此打造了志工社群，形成陪伴教練，幫助女性求職者釐清需求，勾勒出她們對職場、就業、家庭照顧等等未來生活的想像。在全球共有超過 13000 名志工加入該組織，貢獻時間與能力，

Dress for Success 為女性求職者做好進入職場的各種準備。（圖片來源／ DFS 臉書）

成為女性求職者最棒的隊友。

當女性有了進入職場的想法，Dress for Success 便鼓勵女性展開面試預備，提供面試所需要的準備與工作服裝，從打造衣著、表達能力的訓練到心理上的支持，讓女性做好準備，面對生活角色的轉換。

同時，Dress for Success 積極募集合作組織和提供就業支持的單位，成為串聯女性和組織的橋樑；他們提供工具性的支持，包括實質的工作資訊、職涯管道，建立面試的信心，改善表達互動技能等。當女性獲得就業機會、提升自信後，也鼓勵她們在組織或社區中積極回饋，以幫助更多尚未走出家庭或遭遇人生傷痛的女性，以經驗陪伴更多社區中的女性，形成社區互助的力量。

二〇二一年 Dress for Success 的營運年報提到，過去服務的對象中5成是經濟弱勢的女性，6成的跨種族女性，4成為單親女性。

Dress for Success 的全球實踐 因地制宜回應區域服務缺口

建構支持網絡，幫助女性在工作和生活中茁壯成長，從而實現經濟獨立是 Dress for Success 的核心精神。位於紐西蘭的單親媽媽 Marcia 深深認同此一宗旨，她認為 Dress for Success 就像是家一樣，支持社區中的女性，也呼應毛利語中的「whanau」，代表支持、包容、賦權和互相關心，因此決定在紐西蘭威靈頓成立分支機構。

Marcia 運用了母機構的模式，在地組織志願服務工作者，並建立企業合作組織，發展支持女性就業的工作方法。她也發現當地刻板印象，對於企業友善和女性自信有深遠應響，於是進一步進入社區影響利害關係人，改變社區對於女性就業的看法。自二〇一五年以來，她幫助年輕女孩建立信心進入職場，也協助低估自己實力的成熟女性實現成就，共協助 600 名女性成功邁向職場生活。

紐西蘭 Marcia 協助女性成功邁向職場生活（圖片來源／ DFS 官網）

澳洲雪梨的 Dress for Success 則是針對有犯罪紀錄的女性推出了 Success Works 計劃，幫助女性提升自信、做好職場準備，也積極尋求企業合作。他們讓企業理解，處於不利地位的婦女在找尋工作和面對生活事件的障礙，了解提供就業機會所能創造的社會價值與影響力，期待能撕下社會的負面標籤。

身為一名有著十年犯罪記錄的女性，Amie 在不斷轉換工作時遭到許多挫折和異樣眼光。經過 Dress for Success 陪伴教練的互動，Amie 重拾信心，整理過去失敗經驗，最終不負眾望成功應聘到新工作。後續透過職業中心的團體支持，Amie 不吝於和夥伴們分享經驗，一同討論工作場所相關的話題，相互支持和鼓勵。Dress for Success 有效運用團體成員彼此鼓舞，幫助重返社會的女性保持動力和自信，降低了再犯率，並成功組織了新的互助社群力量。

Dress for Success 的模式，成功回應地方多元的樣態，在全球多達 143 個城市與社區中，創造出女性進入職場的支持網絡。

案例小檔案

Dress for Success

DRESS FOR SUCCESS®
Going Places. Going Strong.

- 國家：美國
- 組織屬性與規模：

  Dress for Success 是一個全球性的非營利組織（NPO），自 1997 年開始運營以來，已擴展到 23 個國家 / 地區的 143 個城市，累積支持超過 130 萬女性。
- 官網與臉書網址：

  官網：https://dressforsuccess.org/

  臉書：https://www.facebook.com/DressForSuccess
- 設計核心：

  提供女性就業支持網絡與發展工具，建立互助社群，翻轉就業體制。
- 發展脈絡：

  Dress for Success 爬梳女性就業的 3 大困境：「不知道適合的職業方向」、「缺乏面試信心和預備」、「組織聘用的刻板印象」，對應串連就業資源相關組織，媒合志工與職涯教練帶領女性討論職涯，組織女性支持團體激盪經驗交流與自信建立。
- 實踐心法：

  1. 爬梳女性就業困境，看見現象背後的真實問題
  2. 依據女性就業困境與流程，設計各階段服務，從能力培養、自信建立、面試準備到成功就業的適應支持。
  3. 組織女性互助社群，創造經驗分享的女性能動性。

案例2 日本 RASHISA WORKS

為單親媽媽打造半徑5公里的幸福生活圈

日本的RASHISA WORKS以區域發展模式進行女性就業的供需連結，為單親女性設計出經濟就業的支持模式，打造出「半徑5公里的幸福生活圈」。

該組織的核心精神，在於以女性的生活視角為中心，勾勒出單親媽媽和家庭成員的半徑5公里工作生活地圖，讓女性在照顧範圍中獲得工作機會，避免顧此失彼形成壓力。

RASHISA WORKS主動連結企業以提供女性更多工作機會，提供電腦、手機等工具給有需要的求職女性，並以團體工作方式增加團隊互助支持。他們也積極開發更有彈性的居家辦公工作模式與任務，例如：數位、客服、銷售等職務，同時會和女性討論收入與生活的運用，確保女性獲得收入也能負擔家用，生活無虞。

這樣的設計，讓單親女性得以兼顧生活中的角色，更能有效的串連資源，增加就業可能性，支持女性的生活品質與經濟狀況。

小結：翻轉結構因素，才能改變處境

從上述案例中，我們看見Dress for Success發展支持服務和翻轉體制的雙軌行動，在不同區域發展下，支持了不同需求和樣態的女性；RASHISA WORKS則是更具焦於區域性的支持整合，平衡女性的家庭與經濟，勾勒出區域化的關鍵行動方式。

我們歸納出重要的設計心法：

1. 設計支持女性的必要措施，降低回到職場的困難，增進信心和能力。
2. 提供必要的支持工具，避免技術與數位落差，發

圖片來源／ RASHISA note: https://note.com/rashisa123/n/nea59f0139722

揮女性真正實力。

3. 改變外部環境的聘用方式，串聯合作組織的力量，帶來更全面的改變。

探討女性的經濟就業議題時，最核心的改變鑰匙應該是「觸及結構，翻動社會」，特別當高齡化、少子化等現象已成為許多國家的挑戰，更因傳統性別刻板印象，使得婚育、照顧等議題常常成為女性的包袱，導致女性在求職就業時面臨更多挑戰，也因此有經濟無法獨立的風險。

綜合以上案例的觀察與對現象的結構性分析，我們可以了解，若欲提升女性的經濟與就業機會，絕非單一部門的任務，而是政府、企業、第三部門的共同課題，除了發展更多支持措施之外，更要關注那些弱勢或較少被關注的經濟弱勢女性，因地制宜發展適切的方法。

案例小檔案

RASHISA WORKS

- 國家：日本
- 組織屬性與規模：
  RASHISA WORKS 為社會企業，為受虐者提供工作，創造收入及社會連結。
- 官網與臉書網址：
  官網：https://rashisa-works.com/
  臉書：https://www.facebook.com/profile.php ? id=100063587766745
- 設計核心：
  為單親媽媽打造半徑 5 公里的幸福生活圈
- 發展脈絡：
  關注單親女性常需要兼顧家庭經濟和照顧的雙重角色，形成經濟就業的選擇困難，造成生活風險。
  發展出以女性的生活區域為中心點，展開半徑 5 公里的生活圈設計，整合外部企業和組織，打造適合女性的彈性工作型態，並提供就業工具和團體支持，穩定工作與收入。
- 實踐心法：
  1. 整合企業和組織，發展出適合單親女性的職業型態
  2. 提供女性工具性、情感性支持，包含就業工具和團體互助
  3. 與服務對象討論金錢與收支運用，確保女性生活品質

第8章

生命階段的照顧角色設計

每個人的人生階段都會面臨各種選擇，女性在不同生命階段也會面對人生角色的抉擇，婚育，便是人生中非常重大的決定。此外，在二〇二〇年「女性理想生活大調查」中（參見p16），1／3的女性最常扮演女兒的角色，與原生家庭有著緊密連結，並且扮演主要照顧的角色。這顯示我們需要對擔任照顧者的女性給予更多社會性的支持，讓女性褪下框架包袱，獲得紓解，找出理想的生活樣子。

案例1 美國 Healthy Teen Network

找到社區神隊友，編織青少年安全網

支持早育母親生活，誰是首要的角色呢？答案是每一個重要的社區單位。Healthy Teen Network 是一個關心青少年議題的組織，擅長用創新服務串起人與社區網絡的合作行動，他們相信只要每個單位張開雙手，就能創造合作，支持青少年。

二〇〇八年，美國巴爾的摩市（Baltimore）面臨青少年的議題挑戰：4位青少年中有1位輟學，其中60%的輟學者中，擁有4位或以上多重性伴侶問題，愛滋病率更是全國最高。離開學校的少年們，容易未婚懷孕，並成為邊緣人口，不僅個人需求難以被滿足，幼兒的照養也難以被追蹤，更對社區整體安全造成隱憂。

當人們把問題源頭指向青少年個人時，Healthy Teen Network 拋出反風向的看法，認為「這是社會整體的課題和責任」。他們選擇運用桌遊來號召社區裡的組織，一同理解青少年問題背後的成因，抽絲剝繭的凝聚共識，希望帶領大家看見社會結構對青少年的影響，降低個人歸因的標籤化。

為了系統性引導社區盤點議題，Healthy Teen Network 設計了一套名為「Youth 360 度」的桌遊，強調居住、學習及休閒環境等層面對於青少年／女的重要性，在進行過程中，邀請桌遊參與者從題卡的問題討論因應方法和策略，希望能夠觸發參與者思考、分享探討價值觀，進一步延伸探討社區組織各自可以發揮的角色及行動，以遊戲中凝聚的共識

Healthy Teen Network 相信只要每個單位張開雙手，就能創造合作。（圖片來源／ Healthy Teen Network 官網）

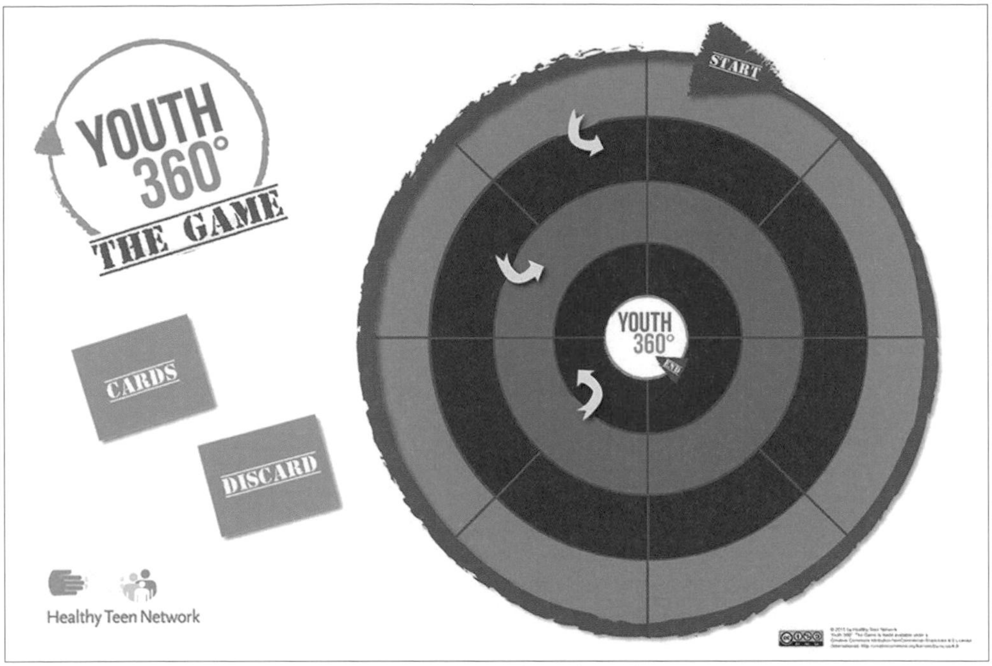

「Youth 360 度」以圖像和牌卡方式進行互動式引導討論。（圖片來源／官網）

「Youth 360 度」桌遊邀請參與者共創青少年服務（圖片來源／臉書）

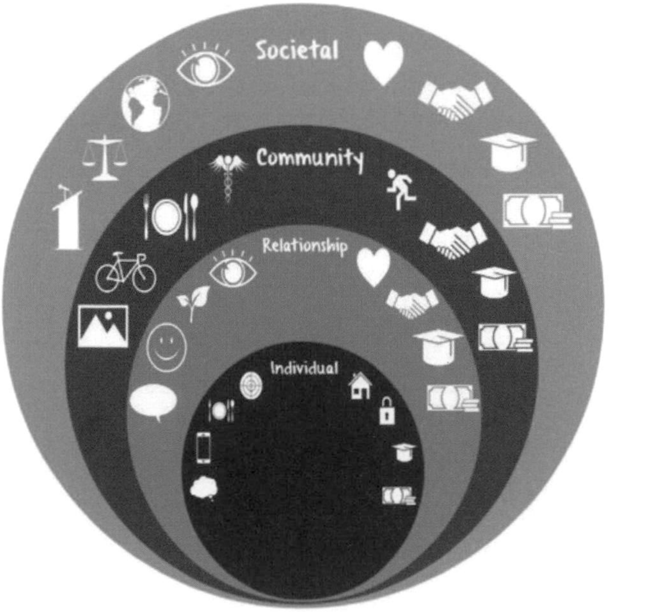

「Youth 360 度」強調青少年隔人、關係、社區、社會的多樣需求。（圖片來源／官網）

為基礎，創造出區域中的神隊友，幫助組織擴大服務邊界。

從桌遊引導共識後，Healthy Teen Network 進一步陪伴組織單位從個人、關係、社區及社會的四個層面擬定全面計畫。此外，他們也推廣「邏輯運作系統」，來協助組織更全面地發展與追蹤青少年計畫，包含計畫執行、計畫邏輯梳理、資源盤點統整，以及成效追蹤等步驟。

Healthy Teen Network 與社區裡的教會、學校、社團組織一起發展出與青少年互動的設計，透過大人間的合作，漸漸拉近與青少年的關係。青少年的自尊與成就感有所提升，社區對於青少年議題的討論氛圍也變得更為正向與積極。

除了實體服務，因應年輕族群的網路黏著特性，Healthy Teen Network 同步設計虛擬科技服務，讓青少女在面臨性健康相關問題時，能安心地向聊天機器人、APP 求助，幫助工作人員即時掌握其需求。

目前參與過 Healthy Teen Network 的社區組織中，有7成的組織穩定形成合作，服務的範疇也跨出巴爾的摩市，擴散到其他有需求的區域。加入的組織每年都會獲得 Healthy Teen Network 設計的青少年引導的知識和工具媒材，與之共同討論區域的現況，形成區域的合作聯盟，成功創建真實的「Healthy Teen Network」！

案例小檔案

Healthy Teen Network

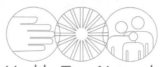

- 國家：美國
- 組織屬性與規模：
  美國非營利組織（NPO），目前有 16 名成員（其中 9 位成員已經任職 10 年，還有一位超過 18 年）。
- 官網與臉書網址：
  官網：https://www.healthyteennetwork.org/
  臉書：https://www.facebook.com/healthyteennetwork
  IG：https://www.instagram.com/healthyteennetwork/
- 設計核心：
  編織青少年安全網，支持服務與推動倡議
- 發展脈絡：
  2008 年於美國 Baltimore 成立，發展出多元的青少年及早育父母服務，包括網路求助管道、個別式服務、性教育等健康知識課程、生涯探索團體等。
  另外也著重於建置社會安全網絡，帶動社區利害關係人凝聚共識，降低對早育小爸媽的標籤化印象，發展行動。
- 實踐心法：
  1. 運用問題解決和生涯規劃的探索團體，吸引青少年
  2. 發展虛擬科技運用，結合網路與實體服務編織安全網絡
  3. 推動社區組織聯盟，運用桌遊媒介與組織建立合作，降低社會的刻板印象，創造社區自主行動。

案例 2 美國 Single Parent Project

兼顧照顧角色、職涯發展的雙軌模組

同樣是美國，猶他州的 Single Parent Project 則將核心聚焦在單親父母的生活需求及親子支持，期待單親父母在扮演好照顧角色的同時，也能兼顧自身的人身安全和生涯發展的需求。

Single Parent Project 觀察到，許多單親家庭會面臨生活困難，而這些日常問題會影響家庭的穩定。因此，他們深入了解家庭需求，提供生活支持服務，除了提供生活必需品，也供給可以提升生活品質的用品。例如這兩年推動的「汽車交換服務」，希望幫助無力購買車輛的家庭，在即將換新車者的支持下提供二手車，可以帶著孩子採買生活物品、建立家庭獨立能力，也形成城市裡的互助模式。

迫切的基本需求解決後，為了幫助單親家庭邁向穩定，Single Parent Project 擬定了「支持社群」與「自我追求」兩個方針。

他們幫助父母和孩子依據興趣、需求、特質和議題，依分類組成多元團體。在這裡沒有上對下的教育，而是卸下家庭角色、身分後的自我。期待能建立家庭成員與社會的連結，也增加同儕間的支持互助。

此外，Single Parent Project 也設計一系列的激勵和支持基金，支持家庭的每個人擁有自我追求的空間。提供子女獎助學金並開設課外興趣培養課程，同時提供家長繼續接受教育的獎助計畫和照顧支持服務，幫助單親父母進一步進行生涯規劃、發展事業，以維繫家庭經濟穩定。

》小結：關注問題成因，讓親子都能活出自我

在親子關係中，孩子與父母是相互影響的，上

述美國的兩個服務模式，都具有三個特質：

1. 看見問題背後的問題：沒有問題家庭、問題父母、問題兒少，只有被問題困擾的家庭。拋開刻板印象，理解真實需求是起頭式。
2. 找到神隊友：不管是找到一同開展服務的神隊友，或是為服務的對象找到相伴的支持團體，都有助於服務動能的延續，以及擴大影響力！
3. 發展支持性服務：設計服務時，不忘同步思考支持性措施，經濟、照顧、人際需求，都需要被納入考量。

此外，從上面的兩個案例，也可以看到「影響圈」的概念，設計服務模式時要記得思考服務對象的範疇，以同心圓繪製，將短期核心對象置於圓心，長期目標如個案的重要關係人、合作組織、社會風氣等，依計畫發展時序和重要性向外延伸排列，以此思考服務對象的需求和我們對於該角色的期待。透過「影響圈」的檢視，將能更清晰看見服務的影響力，並檢視彼此的需求和期待是否能相互吸引、成就。

Single Parent Project 滿足單親父母的家庭生活用品與日常需求。（圖片來源／臉書）

案例小檔案

Single Parent Project

- 國家：美國
- 組織屬性：
  非營利組織。
- 官網與臉書網址：
  官網：https://www.singleparentproject.org/
  臉書：https://www.facebook.com/thesingleparentproject
- 設計核心：
  兼顧「照顧支持」和「職涯發展」的雙軌模組
- 發展脈絡：
  在美國猶他州，Single Parent Project 關注正面臨家庭照顧挑戰的單親父母們，除了提供經濟服務、增進親職能力，他們也重視單親父母的身心健康與生涯需求，建立支持互助團體，增進社交的連結，同步發展了激勵支持基金，鼓勵單親父母設定目標，累計陪伴 250 個家庭達成理想。
- 實踐心法：
  1. 以生活問題解決為導向，設計對應的服務策略。
  2. 同時陪伴兩個群體，設計出子女與家長的互助支持網絡。
  3. 陪伴青少年與父母規劃、執行生涯理想，陪伴家庭穩定自立。

第9章

生涯與職涯設計

人生設計是近幾年來的流行話題，從校園、職場、退休都有人切入討論。女性在人生階段因為婚育、家庭照顧，難以兼顧職場和家庭生活。我們在國際中尋找陪伴女性發展出生涯與職涯的實踐模式，透過這些精采案例中，不妨想想關鍵的核心策略，或許可以為你的人生設計藍圖中帶來靈感！

案例1 日本 SALASUSU

幫助女性穩固生活金字塔，走出家園的生涯大道

日本非營利組織 Kamonohashi Project 的創辦人（下文簡稱 Kamonohashi），被女童遭遇性剝削致死的案例觸動，於二〇〇二年在柬埔寨創立該組織，希望讓孩子與女性免於性交易的風險。該組織透過探索性交易問題的核心，對應發展出女性自主經濟模式，鬆綁女性照顧角色的同時，兼顧健康營養、培訓多元職涯技巧等設計，陪伴女性「一邊工作、一邊學習，掌握人生主導權」。

Kamonohashi 在柬埔寨成立社區工廠，培養女性成為手作者。（圖片來源／臉書）

Kamonohash 提供營養女性與孩子日常營養。（圖片來源／官網）

Kamonohashi 於 2016 年成立 SALASUSU 時尚品牌。（圖片來源／臉書）

為了解決兒童性交易問題，他們著手研究兒童販賣的肇因，發現柬埔寨傳統性別框架仍深深影響現代社會——女性普遍擔負家庭的主要照顧責任，導致經濟自主性低，容易被視為附屬品。性別歧視再加上當時整體社會的經濟情勢低迷，是導致女童被販賣的原因。

於是，Kamonohashi 與柬埔寨社區的女性合作，開展「兩年學校計畫」，在暹粒市外 35 公里處的 Kchass 村莊成立社區工廠，招募當地有急迫經濟需求的女性成為「手作者」，學習紡織、編織等手作技巧。透過安全的就業機會與穩定的薪資，支持社區女性擺脫經濟與社會框架的雙重束縛。

經濟的弱勢經常伴隨健康問題，且女性離開家中工作，也需要協助才能鬆綁她們身兼照顧者的角色，因此，工廠聘請當地女性提供營養午餐，確保女性獲得足夠的營養，同時設立育幼中心，讓女性能無後顧之憂地工作。

除了工廠既定的工作以外，Kamonohashi 於二〇一一年開辦軟實力課程，包含問題解決、職業倫理、人際關係、自信建立、自我管理與基礎柬文等，也協助她們建立營養學知識和儲蓄觀念。搭配一對一職涯輔導支持，以及職業媒合，為女性的未來生涯拓展多元可能。

工廠制度逐漸完善後，Kamonohashi 也不忘初衷，自二〇〇九年開始和政府合作，展開警察培訓，期待提升警察相關議題知能，加強人口販運執法配套措施。

二〇一六年，創立了 SuSu 這個品牌，更在二〇一八年三月從日本總公司獨立出來，創立新時尚品牌「SALASUSU」走向國際。

Kamonohashi 從人口販運議題出發，一開始就穩扎穩打，並具有「永續性」，從經濟、照顧、健康、安全等基本需求著手，接著以「打開女性能動性」為核心，延伸發展生涯引導模組。

未來，他們也將持續和政府、企業合作，擴大教育計畫成立正式學校，招收對象不限於女性，並透過倡議弱勢群體工作權益、人口販運等議題，擴大社會影響力。

案例小檔案

SALASUSU

SALASUSU

- 國家：柬埔寨與日本
- 組織屬性與規模：
  Kamonohashi Project 是非營利組織：過去支持柬埔寨社區女性培力，孕育了 SALASUSU。
- 官網與臉書網址：
  官網：https://www.school.salasusu.com/
  臉書：https://www.facebook.com/salasusucambodia
- 設計核心：
  融合女性生存、生活、生涯的充權模式。
- 發展脈絡：
  來自日本的 Kamonohashi project，自 2002 年與柬埔寨社區的女性發展經濟合作，招募當地有經濟需求的女性，提供安全的就業機會、穩定的薪資、完整的生活照顧和育兒配套。此外也設計多元應用課程，增加女性軟實力，搭配生涯輔導，陪伴婦女發展個人職涯。
  SALASUSU 於 2018 年 3 月從日本總公司獨立出來，創立新時尚品牌「SALASUSU」走向國際。
- 實踐心法：
  1. 發展出照顧支持的經濟就業模式，包含營養餐食和育兒空間。
  2. 鼓勵女性發展生涯軟實力，設計了 20%的職涯軟實力培育，增進能力、溝通與銜接外部機會。
  3. 透過和企業、政府合作，形成友善聯盟，支持女性權益與社會角色。

案例 2 香港 恩典牌嬰用品社會企業

創造媽媽支持、互助、培力模式

綠色小腳板是「香港明愛：青少年及社區服務機構」（以下簡稱明愛）底下的社會企業之一，為媽媽創建支持互助的服務模式，其服務精神有5R，包含：回收嬰孩用品（Recycle）、翻新可用物資（Refurbishment）、物資再次運用（Reuse）、為年輕媽媽重建工作能力及自信心（Rebuild）、重燃生活的希望（Reignite）。

前面3R並不難理解，後面2R則非常不容易。為什麼設定這樣的目標，又如何做到呢？

明愛於二〇〇六年透過調查發現，香港的的平均墮胎率為27～29%，而曾經墮胎者重複懷孕比率則為29%，高於同年的美國與英國數據。因此明愛希望提供這些年輕母親全面的支持性服務，除了針對「非預期懷孕」的生活、照顧、身心需求提供課程和支持之外，也嘗試協助經濟弱勢又需照顧孩子的年輕爸媽家庭。

為此，明愛針對年輕或單親母親創立「綠色小腳板」，這是一家販賣母嬰用品的專賣店鋪，鼓勵媽媽帶著孩童一起前來工作場域，在當班期間，可將孩童交給其他母親代為照顧。

在職業能力培養方面，店鋪內的空間、擺設和整理方式，都由女性自己決定。除了販售商品，也會和媽媽們一同策劃舉辦活動，例如親子日等，吸引更多家長和社區民眾參與。明愛相信女性不只是受惠者，還是生產者，更是行動者。

除了學習店鋪整體的經營、管理，明愛也鼓勵媽媽「出走」，將店鋪盈餘應用在媽媽的技能培育或相關計畫上，期待能培養她們的工作技能，以利將來重新投入職場。機會將眷顧準備好的人，媽媽們準備好後，綠色小腳板進一步提供階段性的服務

我們是由年青單身媽媽營運的二手嬰兒用品義賣平台。
JOIN US！

綠色小腳板，由年輕單親媽媽共同營運的二手嬰兒用品平台（圖片來源／臉書）

綠色小腳板鼓勵媽媽帶著孩子一起工作（圖片來源／官網）

規劃，協助其轉銜到適合的工作場域中發揮職場角色。

綠色小腳板強調的 2R：為年輕媽媽重建工作能力及自信心（Rebuild）、重燃生活的希望（Reignite），重點就在於建立女性的社會連結，包括職場、人際、社會互動的建立，陪伴女性找出自己的興趣和實踐方向，在過程中獲得成就感與自信，並設定下一個階段的目標，進而獲得選擇人生的自主權。

二〇一〇年創立以來，綠色小腳板已經聘僱 35 位以上的年輕母親，協助她們自力更生，取得職場和家庭照顧的平衡。

小結：
創建經濟與生活支持的服務生態系統

在這兩個國際案例中，我們可以看見，創造一個經濟與生活支持的生態系統，有三個重要元素：

1. 挖掘女性能力：「優勢觀點」著手，在問題和挑戰中，也看見女性的優勢和機會。
2. 生活支持策略：女性經濟議題經常圍繞家庭，解決女性因社會因素、單親等處境急迫的家庭需求，才能接觸到家庭中的女性本身。
3. 創造延伸價值：思考女性就業面臨困境，設計培力模組，給女性「帶得走」的經濟自主力！

SALASUSU 和綠色小腳板的設計，正如同轉運站一般，成為女性人生旅途上的樞紐，讓她們可以順利的前往下一站。女性在這個階段獲得穩定的就業機會，鬆綁照顧角色，支持女性獲得更多生涯機會，不僅解決經濟方面的燃眉之急，也鼓勵思考長期穩定的職家生活藍圖。

案例小檔案

綠色小腳板

- 國家：香港
- 組織屬性：
  綠色小腳板為香港明愛下的社會企業
- 官網與臉書網址：
  香港明愛官網：https://ycs.caritas.org.hk/greenbaby/
  綠色小腳板臉書：https://www.facebook.com/caritas.greenbaby ? locale=zh_TW
- 設計核心：
  恩典牌嬰用品社會企業，創造媽媽支持、互助、培力模式
- 發展脈絡：
  綠色小腳板是香港明愛底下的社會企業之一，是為年輕或單親媽媽設立的母嬰用品專賣店鋪。
  針對母親的三大困擾：照顧、就業與社交，設計服務，鼓勵媽媽帶著孩子一起來工作場域，發展出互助式育兒照顧，也提供職業能力的養成。
- 實踐心法：
  1. 女性成員間互助，支持彼此成長。
  2. 打造友善職場，培力成員管理、經營能力，鼓勵女性共同參與決策，從中建立自信。
  3. 當成員準備好發展個人職涯，組織也提供轉銜職場的支持服務。

第10章

健康與人身安全設計

平安、健康是一切的根本。世界各國的女性，因為父權思想、傳統框架，區域資源排擠，導致身心安全健康需求較難被滿足。不僅觀察數據時，要留意族群、階級、性別的差異，爬梳議題成因，設計策略時，也要連帶結構一起嘗試改變。

案例1 加拿大 Aboriginal Mother Centre Society

重建到助人，為原住民女性開啟重生之路

加拿大約有140萬原住民，其中包含「第一民族」（First Nations）、因紐特人（Inuit）和梅蒂人（Métis）。雖然僅佔總人口的4%，但根據加拿大原住民婦女協會（Northwest Athletic Conference, NWAC）的調查報告，自1980年代以來，估計有1200多位女性無故失蹤、被謀殺，加上未掌握的數據，恐怕有4000名女性遇難。

追根究柢，這和加拿大的殖民歷史有關，西方

AMCS 的社區廚房提供女性與子女健康飲食。（圖片來源／官網）

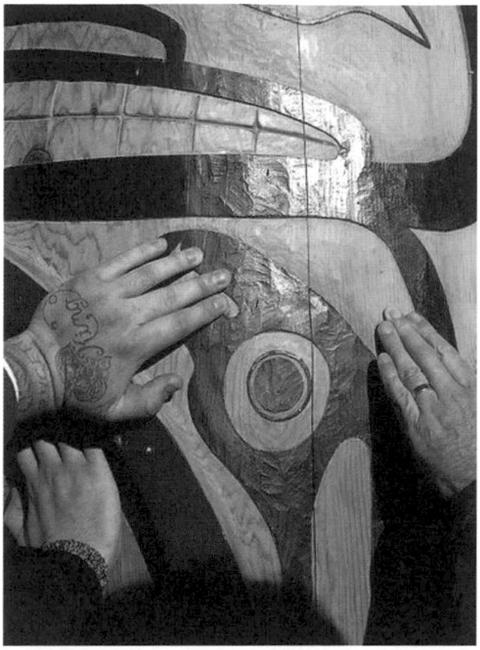

加拿大原住民女性面臨安全、經濟問題。（圖片來源／官網）

AMCS 陪伴女性投入社區文化與互助行動。（圖片來源／官網）

社會帶來的變革中，除了包含政府制度、科學、設備，挾帶父權主義思考，以及文化侵略的強勢行動。殖民者對原住民進行歧視性差別政策，又進一步將原住民女性安排在「從屬」於原住民男性的角色，破壞印第安文化既有的母系社會文化。

因此，加拿大的原住民女性面臨雙重歧視：身為原住民，又身為一名女性。除了整體社會，在原住民家庭中，因為傳統文化喪失，導致容易發生性別角色衝突，進一步演變成針對婦女的暴力行為。這樣的境遇，影響著原民女性的教育、就業等機會。

Aboriginal Mother Centre Society（AMCS）於二〇〇二年在加拿大成立，他們發現溫哥華東側的原住民弱勢女性、年輕女性和兒童的人身安全需求非常高，其遭受暴力的比例是其他加拿大居民的3倍。

為了接住有急迫安全需求的女性，AMCS發展出以「Under One Roof」（同在屋簷下）為核心的設計，希望以小型原民社區的建立，輔以支持、培力措施，獲得自立所需的協助，並實現原民傳統的互助價值。

無家可歸的兒童或早育婦女及孩子，可以在AMCS的過度性住房計畫中獲得臨時住所居住；日托中心為3至5歲的兒童提供25個名額，從小培養對於原住民文化、價值觀和語言的認識。

當基本生存需求滿足，AMCS透過定期舉辦育兒、生活技能、身心療癒以及自我保健的課程，協助婦女增進家庭生活技巧。延續自我保健的精神，社區廚房中備有專業的設施，在婦女可負擔的狀況下酌收費用，就能提供女性與子女健康飲食。在AMCS的支持下，女性重新獲得生活的能量和信心。

此外，AMCS也在社區中進行「互助模式」，邀請女性參與原民文化活動，讓他們在熟悉的生活脈絡中，和其他同儕互動。每週四一起為社區中的長者準備餐食、整理桌面、關心互動，讓女性們成為助人者，增加原民的代間互動和社區的融合。旗下Mama's Wall Street Studio（MWSS），更以社會企業的模式，培力女性縫紉、針織等手工技巧，並將販賣所得的收入，再投入於計畫中。

案例小檔案

Aboriginal Mother Centre Society（AMCS）

- 國家：加拿大
- 組織屬性：
  非營利組織
- 官網與臉書網址：
  官網：https://www.aboriginalmothercentre.ca/
- 設計核心：
  受暴婦女的生活重建到助人實踐。
- 發展脈絡：
  AMCS 二〇〇二 年在加拿大成立，關心當地原住民女性的人身安全的議題，為受暴弱勢婦女提供安全住所、營養餐食和托育服務，陪伴婦女走出暴力陰影、增進生活技巧，設計社區互動模式，讓女性發揮助人價值。
- 實踐心法：
  1. 提供受暴女性的社區住房與營養計畫，支持女性走過人生的低潮期。
  2. 提供多元性的身心與生活支持服務。
  3. 設計社區共融與互助，讓女性從受助到助人，翻轉角色、肯定自我。

案例 2 美國 Twentyeight Health

為弱勢女性的性健康建立精準服務

數據顯示，美國有 1900 萬的育齡婦女處於「避孕沙漠」中，看醫生、獲取計畫生育訊息、找到正確節育措施都是非常困難的。一位住在德克薩斯州北部的女性表示，他的居住地周圍沒有醫療院所，為了諮詢婦科藥品問題，他必須長途跋涉 7 個小時、400 英里，才能見到醫師。

除了區域資源不足，Twentyeight Health 的創辦人之一 Amy Fan 發現，美國有 1/3 的醫師不為領取政府低收入戶醫療補助的病患看診，導致弱勢女性的醫療照護機會受到排擠。但弱勢女性的非自願懷孕比例是一般女性的三倍，也更容易因為不安全性行為、環境衛生問題引發婦科疾病，她們急需兼具家庭照顧又經濟實惠的看診模式。

二〇一九年，新冠疫情又進一步加劇預約門診的難度，Amy 於是創立 Twentyeight Health，以女性的 28 天經期週期為名，專注於為醫療服務不足的弱勢女性提供充足的照顧。

Twentyeight Health 結合遠距醫療和生育健康公司，建立線上看診到宅配送藥的一條龍流程。擁有健保的婦女只需要上網填寫相關資料，就可以免費申請線上問診，或依據處方箋領取藥品。沒有健保的弱勢婦女，也可以月付合理費用，獲得相應服務。這樣的設計使 Twentyeight Health 成為同業中，唯一接受低收入醫療補助的企業，也為弱勢女性弭平健康不平等。

為了擴大服務的影響力，Twentyeight Health 串聯相關的資源單位，發展避孕議題倡議計畫，也針對經濟弱勢女性的免費避孕醫療服務，希望能觸及更多有需求的女性。自成立以來，Twentyeight Health 已擴展到美國各地，並可供 34 個州區和哥倫比亞特區的居民使用。

小結：發展完善的設計支持策略

1. 拉上封鎖線的安全支持：生存與生活是馬斯洛談到人類需求中最基礎的層面，也是維持人們每日生存的根本。在面對女性危及生存的急迫需求中，服務單位首先需要的是設定出封鎖線，提供安全支持，幫助女性走出最危險的環境。無論是女性受到暴力，或是暴露在環境衛生貧瘠的區域中受到的健康風險，更甚至是近代關注的心理健康議題，都需要被及時關注，獲得解決。
2. 留意女性的主體性和能動性：主體性是一種對於自我目前狀態上的理解和詮釋，而能動性則是啟動意念的關鍵思考和發動。在關注健康與人生安全的議題時，需要留意女性的主體性變化，陪伴其舒適地與自我相處，觸發改變自我處境的能力。NWAC 提供身心和家庭照顧的支持服務，在其中設計女性自我療癒、照顧家庭甚至幫助他人的能力。
3. 擴散地影響社區和社會環境：上述兩個案例不難發現，女性的健康與人身安全議題，經常與一地的文化慣習、政府措施息息相關。這時候，服務設計不只要協助女性群體，更擴散地影響社區和社會環境。NWAC 創造女性和社區的互動融入，Twentyeight Health 也不斷倡議並與外部單位串連擴大影響力。

健康和人身安全需求關乎到女性的生存權，如果你所處的地區有明顯的健康安全性別差異，請注意「直接服務」和「結構改變」都是相當重要的，區分出急迫需求連結可用資源，一步一腳印陪伴女性步上常軌。而如果你所處的地區擁有健全的保險體制和治安，也不要忽略難以被直接觀察到的心理議題，看見數據背後的性別差異，為他們完善的設計支持策略吧！

案例小檔案

Twentyeight Health

twentyeight

- 國家：美國
- 組織屬性：
  社會企業
- 官網與臉書網址：
  官網：https://www.twentyeighthealth.com/
  臉書：https://www.facebook.com/twentyeighthealth
  IG：https://www.instagram.com/twentyeighthealth/
- 設計核心：
  增加弱勢婦女的醫療可近性。
- 發展脈絡：
  Twentyeight Health 取名概念來自女性的經期週期，透過線上諮詢與看診，為沒有健保的弱勢女性提供性和生育保健資源，縮短資源的區域、階級差異。除了直接服務，Twentyeight Health 進一步串連相關單位發起倡議，期待降低女性非自願懷孕的比例，弭平健康不平等。
- 實踐心法：
  1. 打造遠距線上的健康服務，連結跨單位共同提供醫療服務，配合宅配送藥，提升服務的可近性。
  2. 持續發展倡議影響弱勢女性的性健康議題。

為不同年齡女性提供精準健康服務（示意圖，非本文案例）Photo Sierra Koder on Unsplash

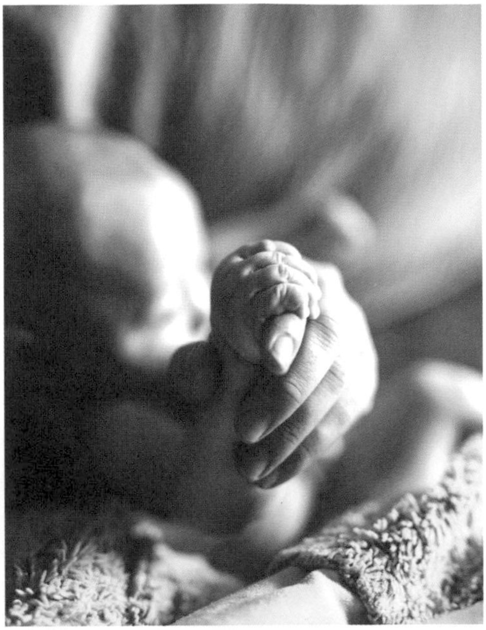

母嬰健康是女性育兒階段非常需要的服務（示意圖，非本文案例）Photo by Nathan Dumlao on Unsplash

為弱勢女性提供必要的性和生育保育資源（示意圖，非本文案例）Photo by Luwadlin Bosman on Unsplash

第 11 章

退休與中高齡生活設計

全球高齡時代來臨，我們擁有了更多退休的時光，沒有工作佔據的生活，可以好好整頓身心、生活空間、財務、目標等等需求。在女性理想生活大調查中，我們發現「經濟支持」、「終身學習」、「社會互動」與「自我價值發揮」都是很受退休族群期待的服務類別，接下來的兩個案例，讓我們看看中高齡者的動力吧！

案例 1　加拿大 Kiwi Coffin Club

第三人生：我們不只學習，我們正在玩時光

你聽過第三人生嗎？愛爾蘭成人教育學家愛德華・凱利提出「第三人生（Third Act）」概念，他認為人們在生命階段中歷經成長學習、成家立業後，隨著生命經驗增加，心靈逐漸成熟富足後，將進入第三人生，與社會共生，也對自我有更多價值展現的期許。

法國調查邁入第三人生的人口－中高齡者的樣態和需求，發現中高齡者普遍追求對生命有意義的退休方式：除了持續學習，也想要有貢獻行動。因此設計「第三年齡大學」，大學中廣設學習課程，與長者一同結合課程所學、自身技能與同儕需求，進行腦力激盪思考「價值行動」，期待能陪伴長者獲得「永續行動」，影響自己，也對他人有幫助。後來第三年齡大學在歐洲各國遍地開花，更飄洋過海傳到紐西蘭。

創立於二〇一〇年的紐西蘭棺材俱樂部（Kiwi Coffin Club），就是由一位到第三年齡大學學習的長者 Katie Williams 開啟的行動。在退休前擔任護士的她，參與過一些病患的葬禮，覺得葬禮千篇一律的形式非常無聊，無法了解逝者生前的故事。

在一場腦力激盪的課程中，導師鼓勵學員隨意發想創新的行動點子，Katie 隨即提出要創作屬於自己的棺材，現場頓時一片安靜。顯然，死亡的議題在長者同儕間是個禁忌的領域。

但下課後，竟然有幾位學員特地留下來和 Katie

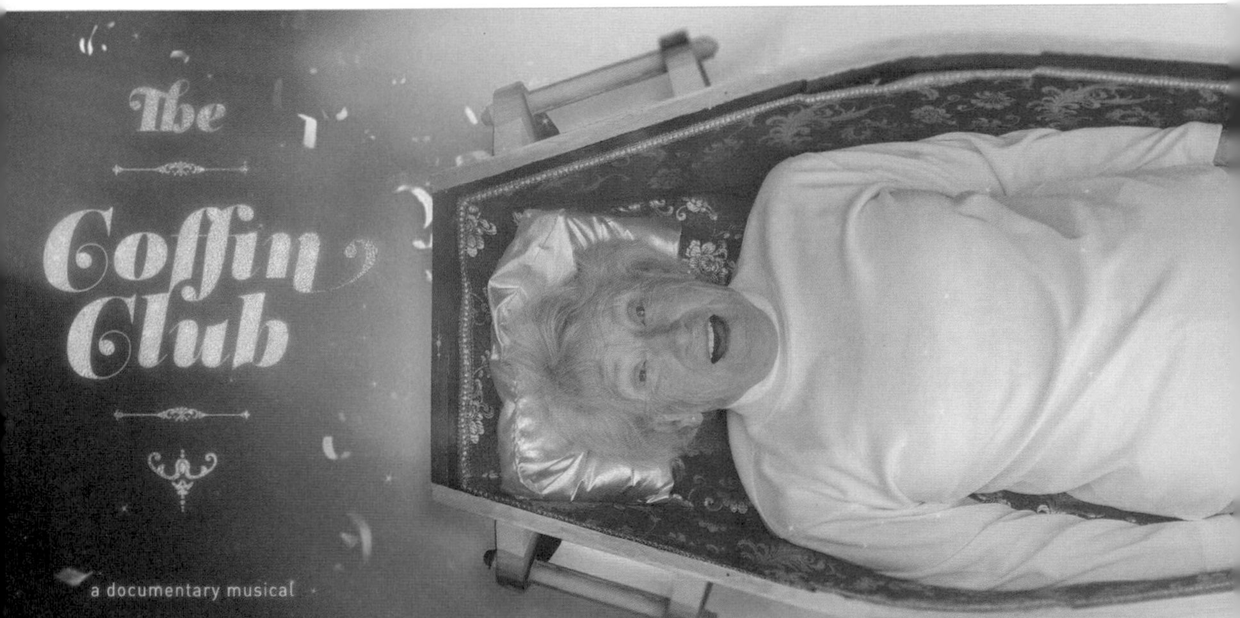

Katie Williams 覺得葬禮儀式太無聊，創辦棺材俱樂部。（圖片來源／臉書）

表達對於這個想法的興趣，讓 Katie 大受鼓勵。她將自己家旁邊的小車庫，改造為棺材俱樂部的工作坊，每個禮拜三早上8點到下午1點，和成員定期聚會創作棺材。漸漸地，有人準備自製料理、下午茶、搖滾樂，死亡這個禁忌的話題，在俱樂部中被打開，溫暖支持著長者收穫積極的人生觀。

有位喜歡「萊姆綠」的奶奶覺得自己不太適合這個顏色，「但當我死掉後，誰在意？」，開心地為棺材妝點大量萊姆綠。還有位奶奶的偶像是貓王，在棺材中貼滿大量貓王的照片，期待在生命的終點可以和偶像一起離開。部分成員還不約而同的開玩笑表示，自己已經迫不及待要躺進棺材裡。

有位奶奶是貓王狂粉，在棺材上貼滿貓王照片。（圖片來源／臉書）

看到這裡你會發現，其實創作棺材只是媒介，與他人分享生命中的遺憾與願望，梳理未來的期待和行動才是俱樂部的重點。有成員開始邀請家人一起製作棺材，分享過往相處的點點滴滴，學習珍惜和告別。長者們收穫像是「第二個家」一樣的社群支持，也不再逃避死亡話題，能「正面迎向高齡」。

而製作完成的棺材當然沒有立刻派上用場，稍微修改一下，成為了朋友們聚會的下午茶桌、床架、裝置藝術。

目前紐西蘭已經有15~20個分部，在英國、義大利也有海外分會，俱樂部於是在二〇一六年成立慈善信託基金，接受捐款投入公益行動。包含進入社福機構，用自己的經驗陪伴更多長者；捐贈嬰兒棺材、寵物棺材等。

此外，俱樂部也和殯葬業者合作，接單製作客製化棺材，以及喪禮諮詢服務，擴大死亡議題的影響圈。

案例小檔案

棺材俱樂部

- 國家：紐西蘭
- 組織屬性與規模：

  非營利組織，二〇一六年成立慈善基金，目前紐西蘭已經有 15~20 個分部，在英國、義大利也有海外分會。
- 官網與臉書網址：

  官網：https://www.kiwicoffinclub.co.nz/

  臉書（短片募資用）：https://www.facebook.com/thecoffinclubmovie
- 設計核心：

  打造專屬老後行動，自己的人生自己來。
- 發展脈絡：

  創立於二〇一〇年的紐西蘭棺材俱樂部，是由一群長者們腦力激盪的共同行動，他們從打造自己的棺材為起點，定期聚會、探討生命、融入藝術創作。進一步發展出助人實踐的模式，影響社區與機構長者討論死後。
- 實踐心法：

  1. 爬梳退休者重要議題，組建支持社群，發起能直接回應議題的行動。
  2. 挖掘長者優勢，結合助人期待，設計能貢獻老者價值的服務。

案例2　日本 海媽媽食堂

樂齡女性攜手返鄉青年，活化農村經濟

沿著南海往上，來到日本本州最西側的山口縣萩市，這是一個臨海的小漁村，當地人口約 1,300 人左右。村裡有一群已經退休的女性，生活原本樸實平靜，偶爾聚會聊聊近況，但看著因為青年人口外移逐漸凋零老化的家鄉，她們開始思考自己能不能為地方做些什麼改變。

「某某某目前獨居，我們有空多去關心他」，凝聚「想要帶來改變」的共識後，退休媽媽們開始分享對於社區的需求洞察，決定從為身邊獨居老人送餐開始，以最擅長的烹飪技能著手，從規劃、製作、配送不假手他人，為長者提供可口營養的餐點。

二〇〇六年，「三見海媽媽」（三見シーマザーズ）正式成立組織，她們的行動也獲得周遭單位的肯定和協助——漁會提供新鮮但賣相不佳的漁獲；周遭的村里公部門也慕名而來，提供資源和需要送餐的名單。地方的資源單位串連，讓服務的影響力擴大，一年可以送出七百個新鮮便當。

後來，因政府計畫在三見設立類似休息站的「道之驛」，邀請海媽媽開設餐廳，海媽媽們一人出資一萬元，加上漁會和政府的資金補助與行銷協助，在二〇一〇年成立「萩　燦爛的三見（萩・さんさん三見）」。其中的鯖島食堂，除了為觀光客安排風味餐，帶來經濟收入和人流，也扮演社區建立自主互助模式的重要角色，持續進行社區送餐服務。

還記得萩市青年人口外移的問題嗎？海媽媽們沒有忘記，食堂招募返鄉的女性成為工作夥伴，並運用部分盈餘作為互助基金，當成員們有需求時可以支持彼此，創造共生共享的互助模式。

海媽媽們活化地方互助、帶動觀光經濟的行

動，來源於一份想要「為地方做些什麼」的心。從優勢能力著手，聚焦能為社區帶來影響的「最小可行性行動」，讓退休女性發揮互助價值，並持續用放大鏡檢視未盡之處，發展出面向組織成員、社區家庭、區域議題的服務模式，創造幸福共生的家鄉藍圖。

小結：結合長輩優勢，發揮第三人生的影響力

創新的服務方案通常是由有助人想法的人或單位發起，串連資源，為需求的族群設計一套完整的服務模式，讓需求者的生活和未來有所改變。但在退休與中高齡議題中，我們希望能翻轉中高齡者是受助者的形象，帶你看見他們的行動力。

無論是棺材俱樂部或是海媽媽食堂，都透過陪伴、學習與行動，找到中高齡者在老後階段的人生角色，和往後實踐的方向。那麼，我們要如何設計可以促動長者發揮影響力的服務呢？

1. 為服務創造吸引力：在面對沉重的人生議題、複雜的區域問題之前，可以先拋出一個符合長者的興趣與專長的體驗設計，例如棺材俱樂部用製作棺材吸引長者參與，用溫暖的社群支持陪伴參與者直面死亡議題；海媽媽則從烹飪著手，降低參與者門檻，也在送餐流程、空間運營等環節發展出不同角色，讓成員都能適性發揮。
2. 建立同儕互助社群：當家庭成員有自己的生活重心，高齡者也需要找回自己的社群支持。團結互

鯖島食堂是社區建立自主互助模式的重要角色。（圖片來源／官網）

日本本州最西側的山口縣萩市，這是一個臨海的小漁村。（圖片來源／官網）

助的社群可以讓長者感到被同理，也增加信心和行動力，棺材俱樂部每週三聚會、海媽媽為成員設立支持配套系統，都發揮了這樣的功能。

3. 梳理生命找出火花：女性經常擔任家庭的主要照顧者，前半生圍繞著學業、家庭、職場打轉，到退休階段時，心理常有失落空虛的感受。是時候看看自己，找回在責任承擔過程中，被暫時擱置的夢想了！棺材俱樂部的成員在社群的支持下找到延續行動的目標；海媽媽則放眼社區，為區域問題貢獻。

退休僅僅是一個分號，連結人生的上一個篇章和下一段開頭。中高齡族群身體狀況、思考反應或許不如從前，但仍然希望能對他人有所貢獻，是相當令人感動的特質。他們需要的不只是單次型的課程、福利資源的補助，而是支持彼此，也支持他人的設計，讓長者對未來仍有所盼望，進而創造出自發性的行動。

案例小檔案

萩 燦爛的三見（萩 さんさん三見）

- 國家：日本
- 組織屬性與規模：
  為社會企業，目前共有 46 名成員，其中 60-80 歲者占了九成，婦女部的成員平均年齡為 69 歲。
- 官網與臉書網址：
  官網：https://www.akeishi.net/
  IG：https://www.instagram.com/hagi_sansansanmi/
  臉書：https://www.facebook.com/hagi.sansansanmi
  線上商城：https://sansansanmi.com/
- 設計核心：
  偏鄉女性開創出生活支持的互助社群，兼具經濟與照顧模式。
- 發展脈絡：
  海媽媽們後來與外部資源合作成立食堂，發展出女性互助和社區共融的機制。除了提供餐食，也設計青年回流計畫，為當地創造人流，成為許多來往民眾旅客的必經之處，增加區域可能性。
- 實踐心法：
  1. 在偏鄉中發展出兼具經濟與照顧的模式。
  2. 形成海媽媽生活支持的互助社群，打造出社區的關係人口與資源網絡。
  3. 規劃活動設計青年角色，創造共融與可持續的模式。

Part IV

女性生活設計

台灣篇

第12章

●青少女 × 生涯發展

公主出任務

逆境少女的共學與共創

學生時期有家人和老師跟我們討論選系選校和未來規劃，但有一群經歷過重大創傷、家庭關係薄弱的逆境少女，不僅缺乏家人的關懷陪伴，對於創傷修復的遙遙無期，對於生涯發展的未知前景，也感到手足無措。高雄市為這群青少女規劃了一系列生活適應、團體協作、職涯體驗等課程，帶她們走出保護機構、走入真實社會，也成為彼此的心理支持，為她們鋪墊出一條溫暖的生涯之路。

#社區共學#生涯引導
#諮商#社工#培力

》關鍵現象與願景

十八歲給人一種成長的微醺感，可以學習開車、嘗試自立；但有一群人，面對十八歲卻感到非常徬徨。

高雄市觀察到一群曾經遭受重大創傷（如：性別暴力、性侵害、性剝削、不當照顧或非預期產子等）而被安置在保護機構的青少女。雖然她們的生活暫時穩定，但年滿十八歲後，依法便需要離園生活，面對獨自尋找工作、安排居住地、進入社會的挑戰。

這群年輕女孩往往因為教育程度不高或學業中輟，難以找到較高收入的工作維繫生活，她們可能也不符合現行任何福利補助條件，弱勢處境無法得到改善，由於缺乏足夠的支持網絡與資源，容易產生依附關係不穩定、經濟收入、社會適應、心理調適等多重問題。

聯合國於二〇一一年指定十月十一日為「國際女孩日」，倡議女孩應平等享有教育及人身安全等權利，讓女孩獲得應有的人權與照顧。女孩有權利知道自己的未來在哪裡，並且建立穩定的社區、社會支持網絡，找到符合個人能力、實踐價值的生活與未來。

在社區中創造了貳拾空間，成為少女基地。

服務設計流程

第1步 建立跨機構串連機制，導入諮商、社工雙專業

在此專案中，我們先彙整區域樣態、數據，並參考財團法人勵馨社會福利基金會主責安置少女的服務社工的觀察，大致描繪出少女面臨的問題後，也謹記「零基思考」和「務實思維」，持續挖掘問題現象背後的真實需求，同時放大社工的專長，以深化既有服務。

我們導入「諮商」和「社工」雙專業，針對有意願接受培力的青少女評估其心理狀態和需求，為她們量身打造培力目標，初步邀請六位跨機構的青少女加入計畫。

其中一位成員「妍兒」（化名），是一個思緒、表達和動作都很迅速的女孩，我們看見她的領導潛力，也期待她能在計畫的陪伴下學習溝通與領導的技巧，未來可以將「領導力」應用在生涯規劃中。

另一位少女「培培」和佩佩豬相反，性格內斂的她習慣最後一個表達意見，或乾脆保持沉默。我們看見隱藏在她「不說」背後的原因，是由於對環境信任感不足、自信不高的緣故，因此特別為她設定了社交表達技巧、適性專業培力兩個目標。

第2步 多元實境體驗，預備生活、激發想像

經過初步的訪談，驗證了我們的假設：少女們因為過往的創傷經驗，特別期待能建立具有歸屬感的社群網絡。因此我們設計出讓不同機構的少女可以一同參與的多元實境體驗課程，讓她們不只學習生活技能、掌握個人生涯，也促進彼此之間的協作和理解。

高雄市據此推出「一起『玩』生活」系列課程，以「預備→體驗→服務」為流程，採用「任務設計」的概念，陪伴青少女在學習的過程中，掌握生活適應、興趣發展；更鼓勵逆境少女能夠換位思考，以「服務提供者」的角度思考她們可以如何與社區民

案例小檔案

青少女 × 生涯發展

- 組織：

  高雄市政府社會局、財團法人勵馨社會福利事業基金會

- 問題現況

  經歷過重大創傷的保護安置少女，滿 18 歲即將離園獨立生活，卻因教育程度不高、沒有特定福利補助、缺乏支持網絡，產生經濟、生活掌握、社會適應、心理歸屬等問題。

- 目標：

  1. 充權少女，降低保護體制的強制性所造成的失能感與依賴性。
  2. 個別理解少女需求，組織互助社群，建立未來獨立生活的能力與信念，發展個人生涯。
  3. 少女去標籤化，增進社區與少女彼此理解與共融。

- 關鍵設計：

  1. 招募「逆境少女」擬定個別社會適應計畫
  2. 開設「一起『玩』生活」系列課程，透過多元主題，培力少女建立自信、學習生活安排、規劃生涯，並形成支持互助社群。
  3. 建立社區空間，未來設計少女與社區共學機制。

- 具體影響力：

  1. 成員在自主能力、交通能力、文化探索能力、合群的能力、溝通表達能力、玩樂能力等面向皆有進步。
  2. 6 位成員對於生涯皆有清晰規劃，並攜手實踐中。

- SDGs：

  1. SDG4 優質教育：設計多元體驗課程，彌平保護境遇導致的教育資源落差。
  2. SDG5 性別平等：充權逆境少女，降低保護體制的強制性所造成的失能感，增加其自主性。

帶著少女們進行說故事攝影課。

眾建立正向互動關係，學習社會適應。

綽號「禎禎」的少女，就在一次學習美妝課程前往腦性麻痺協會提供服務時，找到自己的興趣，她發現「原來我還蠻喜歡服務人的！」我們因此抓準苗頭，積極和禎禎討論未來規劃，為禎禎設立「興趣發揮」以及「穩定生活」兩個目標。她最終選擇就讀五專的「職能治療科」，目前就讀一年級的她相當熱衷於解剖學等專業知識，對未來也有更積極想像。

此外，我們也發現，青少女過去長期住在機構家園，對於日常生活的習慣都需要重新摸索學習，例如如何自己規劃交通路線，搭公車從A地到B地等。因此，我們邀請女孩設計一趟四天三夜的營隊體驗，成員需要針對交通、預算掌握、定向活動中彼此溝通協作才能完成任務。結果發現，青少女的自主能力、交通能力、文化探索能力、合群能力、溝通表達能力、玩樂能力等面向，皆有所提升，平均有80%以上的成員覺得自己有所進步，也表示想再參加之後的活動。

第3步 共創社區空間，設計青少女投入角色

除了透過社群建立歸屬感，還能怎麼樣促進少女建立社會支持網絡呢？

「那就來經營一個空間吧！」高雄以「突破性思維」，新闢一處空屋，由勵馨的夥伴和女孩們一起討論她們對於這個空間的需求和期待，以此模擬未來離園後的生活安排。

為了佈置像空殼一樣的老屋，我們設計園藝課、編織課和木工課，邀請各領域的職人老師分享專業技巧，和少女們一起打造空間。透過課前詳細的共識討論，讓職人老師充分理解少女們的需求，同時在課程間融入生活經驗的分享，給予她們足夠的發揮空間，陪伴少女們設計後續的行動。

透過一系列手作建構空間的活動，我們明顯看到成員的主動性與積極性，並且學習如何自然表達自己的想法，顯示課程培力的效益逐漸展現在日常生活中。原本個性內斂的「培培」，在課程中也展現驚人的藝術天賦，創作出令人驚艷的作品，也能大方地和成員們分享自己的看法。

一起玩手作，建立美感和空間環境。

特色心法

心法1 沒有老生常談，自己生涯自己引導

「生涯引導」的方法相當多元，例如透過會談、或是透過講座或參訪體驗，帶著參與者梳理現況、

設立目標及落實的方法，逐步規劃與實踐自己的人生藍圖。

我們思考，要如何才能跟年輕女孩們分享經驗卻又不顯得倚老賣老呢？面對多變的未來趨勢，我們真的能建議一種職業、引導他人的人生，篤定這是最佳解答嗎？

也許我們該給的不是一個答案、一份職業選擇、一式生活安排，而是透過廣泛的議題對話、生活體驗，陪伴女孩們探索眾各種可能。透過陪伴，鼓勵少女們共創、設計出多元且自發的行動，轉化為自己引導人生的能力。

學習編織，製作生活可用的物品。

心法2 新的同儕支持圈，社會大學好朋友

進入青春期之後，青少年逐漸將生活重心從家庭父母，轉移到學校同儕，在同儕的陪伴下學習群體合作、人際互動，一起面對學業生涯等挑戰。

但有些女孩在高中職後，因為經濟、家庭、婚育等因素，早早離開校園。我們希望可以為這群年輕女孩建立新的同儕支持圈，未來當她們在生活上遇到挑戰，會有一群年紀與際遇相仿的朋友可以相互扶持，就像多了一群社會大學的好朋友，在人生道路陪你經歷風雨。

心法3 以少女為核心的社區共學空間

每每聽到有單位要建立空間，我們總是既期待又擔憂。期待的是，空間可以成為服務議題的發酵場域，甚至進一步導入經濟模式，培力服務對象也為計畫引入更多資源。但運營一個空間所需耗費的人力物力，也容易讓經營單位在焦頭爛額中，逐漸迷失計畫初衷。

高雄此一專案的空間，圍繞女孩的需求，並且設計讓女孩成為主導者，空殼老屋在女孩們的共創中漸漸溫暖，凝聚出社群的互助力量，也培力少女發展興趣。未來，該空間將邀請在地居民、網絡夥伴、社福團體一同參與，設計少女成為社區行動帶領者，成為少女搭建自我支持系統的橋樑。

以終為始下一步

用跨域解方及多元議題，延展年輕女孩生涯引導的可能性，賦予她們擁有為自己發展人生的能量。除了個人生活安排，高雄市政府社會局也將開啟更多女孩跟社區的互動，讓社區裡的更多人事物都成為女孩獨立生活的友善支持網絡。

高雄市貳拾空間・服務設計圖

理想終點 陪伴困境少女探詢未來生活的航道

沿途歷經 生活能力關、生活目標關、社會互動關

STEP 1 創造【貳拾空間】
讓少女們打造專屬基地
創造歸屬感

STEP 2 一起玩生活設計
玩出自信 X 空間營造 X 任務挑戰 自我認同、溝通表達和生活力

STEP 3 社區服務與社會共融
「預備→體驗→服務」 化身尖兵，規劃社會服務策略 社區互動，創造人際正向連結

STEP 4 完成旅程航道
完成生涯評估
回顧學習旅圖

第13章

●二度就業女性×經濟就業×社會支持

戰鬥女力重返職場

陪伴二度就業女性找出優勢職種

台灣有65%以上的女性擔任家庭主要照顧者的角色，面臨職場和家庭照顧平衡的議題。部分女性為了承擔照顧責任而離開職場，之後在二度就業時將面臨許多挑戰。這樣的處境，對於有著急迫經濟需求的弱勢婦女來說，無疑雪上加霜。

本案例嘗試從挖掘女性專長著手，連結跨域資源，為二度就業的女性，設計多元職訓支持措施，並進一步開啟利害關係人的對話，期待創造更為友善的職場。

#優勢職種#二度就業

#友善企業#友善職場

》關鍵現象與願景

「你短期內有結婚生育的規劃嗎？」這是婚育年齡的女性求職時，經常被面試官詢問到的問題。

根據行政院發布的「二〇二二年性別圖像」顯示，台灣女性勞動參與率的高峰在二十五至二十九歲之間，高於其他主要國家，後因婚育等因素，勞參率隨年紀增加急速下降。一〇五年行政院主計總處「婦女婚育與就業調查」摘要分析報告指出，這群離開職場的女性中，僅有約半數婦女返回職場，原因多與「家庭照顧因素」相關，包含照顧子女、老人、其他家人、做家事等。

對於女性人才來說，職家生活平衡是延續職場生涯的重要考量。當工作無法兼顧家庭，許多人不得不被迫放棄個人生涯追求，離開職場。事實上，希望重返職場的女性不算少數，三十五歲以上的女性求職人數比男性高出許多，過往為全職家庭照顧者更佔多數。

然而，二度就業女性因為多年的職場空窗期、技術的日新月異，導致容易自信低落。且職業訓練及市場就業皆具一定資格與門檻，僅能選擇工作條件較差、薪資較低、時間可配合之工作，使得婚育前的經驗歸零，復出就業挑戰重重。

女性的就業不止關乎個人追求和家庭經濟，也與國家的勞動力和整體經濟發展息息相關。如何鬆綁家庭照顧角色，強化女性優勢，發展友善的職場環境呢？

服務設計流程

步驟 1　串連婦女團體，打造女性多元就業環境

新北市政府社會局進一步爬梳二度就業女性的

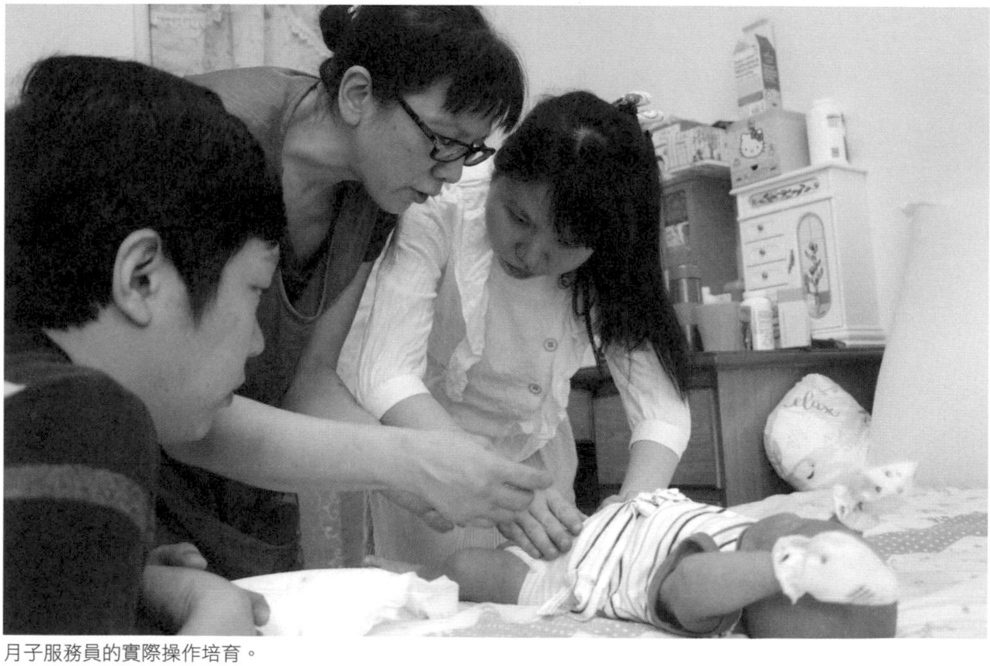

月子服務員的實際操作培育。

需求發現，「時間彈性」、「門檻低」、「自己擅長的技能」，是選擇就業的三大期待。多數女性在選擇投入職業訓練時，會從優勢經驗著手，選擇能兼顧家庭照顧的職種。舉例來說，許多二度就業的女性多半有育兒經驗，且因為時間彈性，常選擇從事月子服務員或托育人員的工作。

二度就業女性中，又以弱勢女性的經濟和照顧需求尤為迫切，於是，我們結合勞政資源，開設多元婦女職訓專班。我們首先盤點接受政府、民間婦女團體服務的弱勢女性，再依據她們的就業需求，設計持續關懷、彈性時間、友善托育等支持措施，陪伴她們能夠穩定參與訓練。

目前開發包含：月子服務員、托育人員、水電修繕員、通譯員、導覽員等多元職種訓練課程，在訓練結束後持續協助她們銜接職場、安排職場實習體驗，並視其職場適應狀況、家庭照顧需求，持續媒合資源，計畫第一年成功陪伴 182 名女性就業。

我們觀察到一個現象：女性常因為具備照顧經驗，偏好選擇月子服務員、托育人員等照顧工作，

打造女性多元就業環境。

案例小檔案

二度就業女性 × 經濟就業 × 社會支持

- 組織：

新北市政府社會局、社團法人新北市保母協會、社團法人台灣婦女展業協會、社團法人新北市生命小鬥士愛心協會

- 問題現況

1. 婦女因家庭照顧因素離開職場，想要重返職場卻因自我價值低、職業生涯空白，導致工作條件與選項下降。
2. 弱勢婦女有急迫經濟需求，家庭照顧、經濟就業兩頭燒。

- 目標：

串連跨局處單位發展弱勢婦女多元職種培訓課程，提升女性經濟就業改變可能性，進而改善女性經濟自主與安全。

- 關鍵設計：

1. 結合勞政資源開設職業培訓專班，再由社會局銜接後續的就業輔導陪伴，持續開發友善弱勢二度就業婦女的多元職種。
2. 撰寫「弱勢婦女就業輔導趨勢報告」，未來凝聚政策端、企業端、民間部門端與使用者端等四方的共識與行動。

- 具體影響力：

1. 目前開發月子服務員、托育人員、水電修繕人、通譯員、導覽員等多元職種，在訓練結束後，也持續協助婦女銜接職場，安排職場實習體驗，並視其職場適應狀況、家庭照顧需求持續媒合資源，計畫第一年成功陪伴 182 名女性就業。
2. 課程人員進行自信量表前後測，自信心顯著提升，表達能力明顯聚焦清晰。
3. 建立跨局處與跨單位資源串連模式。
4. 提出「弱勢婦女就業輔導趨勢報告」。

- SDGs：

1. SDGs1 終結貧窮：協助弱勢婦女就業，改善經濟。
2. SDGs4 優質教育：辦理弱勢婦女培訓專班，提供友善支持措施，使婦女公平得到學習機會。
3. SDGs5 性別平等：與弱勢婦女就業利害關係人溝通，建置平等就業環境與支持措施。
4. SDGs8：體面工作與經濟成長：發展弱勢婦女多元職種培訓課程，提升女性經濟就業可能性，進而改善女性經濟自主與安全。

但也有一些女性對於從事水電修繕員非常有興趣，性別反而成為她們的優勢。她們表示，學會這些技能既能自行修繕家中設備省錢、工作時段彈性，技術嫻熟後可以成為正職收入。也有不少人回饋：之所以特別指定女性水電修繕員，是因為家裡都是女性，女性水電修繕員讓他們特別自在；有一戶弱勢家庭母女過去不敢讓異性進到家裡，有了女性水電修繕人員之後，終於把長年損壞的浴室、燈泡、管線等問題一次解決，家裡更安全便利了。

步驟2 發起利害關係人對話，共創友善環境

為了建立婦女友善職場環境，我們也嘗試彙整各單位協助女性重返職場的經驗，邀約網絡單位辦理「焦點團體」訪談，歸納影響女性二度就業的外部因素和協助方向，撰寫「弱勢婦女就業輔導趨勢報告」。

我們將繼續發起政府、企業、民間部門、二度就業婦女四方對話，一同構思服務整合、資源串連

與政策規劃的可能性。除了持續邀請企業了解不利處境婦女的情境，也帶領勞政與企業發展「職務再設計」，依據二度就業女性需求規劃彈性工時、遠距辦公、育兒友善等工作方法與文化，發揮切頁的社會責任，為二度就業女性建置友善的環境。

特色心法

心法 1 跨單位的培力與角色設計

當一名女性決定復出職場或轉換跑道，若不是自行求職、人脈引薦，便是參與職業培訓。新北市串連婦女團體，挖掘有二度就業需求的弱勢女性，發現她們的處境不一定可以培訓後直接上工，而是需要經過一段時間的培力或陪伴，例如加強自信心、處理訴訟等其他個人議題。

因此我們特別規劃了貼心的服務，包含配合她們有空的時段選擇地點及上課時間，課後安排履歷討論、模擬面試，也媒合孩子的托育資源等；此外也安排支持團體，讓女性實際就業後面對的困難與壓力都有人承接。

創新的服務設計就像接力賽跑一樣，有公部門社會局負責前端的培力，交棒給中間的勞工局進行就業培力，等完訓後，社會局又再銜接後端的支持適應與資源連結。每個環節都需要被設計、練習，順利接棒，才能支持每一位求職者都能順利抵達終點線。

心法 2 從職訓到穩定就業，持續陪伴

二度就業女性的家庭照顧需求，不會因為完成職業訓練、找到工作就消失。為了協助她們達到真正的職家平衡，能自立獲得穩定經濟收入，新北市積極洽談友善企業的名單，讓女性完訓後不用擔心求職碰壁；搭配後續輔導、支持與補助措施持續陪伴，期待此模式能成為女性二度就業的轉運站，媒合友善企業提供更多樣化的職種與工作，讓更多女性受惠。

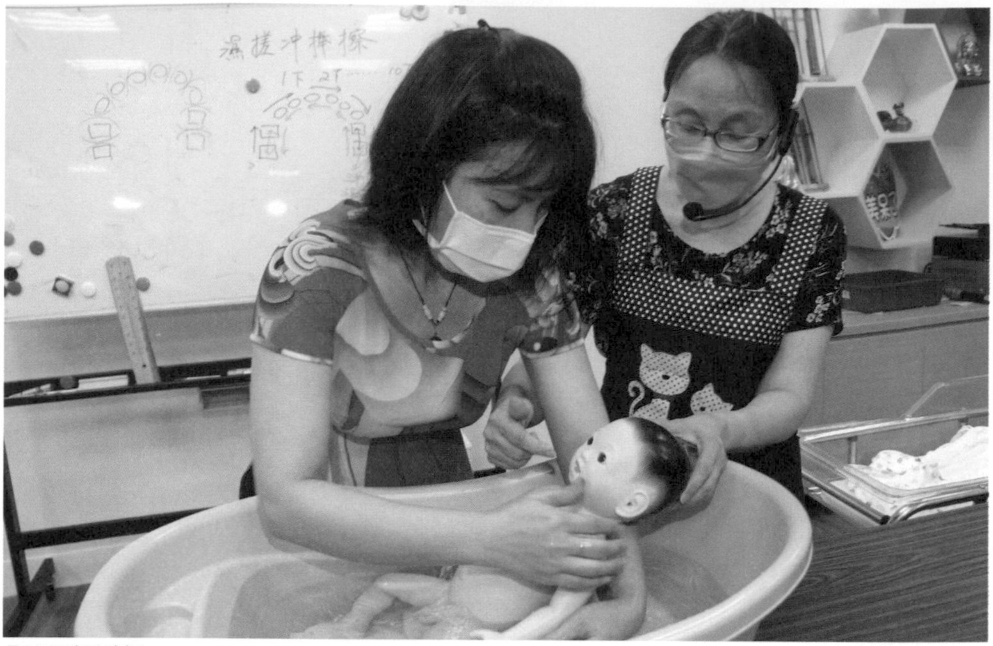

月子服務員培訓。

心法3 外在結構性問題突破

在從事相關服務或設計時，困擾服務對象的問題成因通常非常複雜，需要改變政策、影響利害關係人，並非一蹴可幾，但如果能從小小的行動開始鬆動、帶動討論的風氣，推行計畫時就會順利許多。

許多團體都有過培力弱勢女性的經驗，我們嘗試辦理「焦點團體」讓這些經驗共享；並收斂成具體的政策建議，作為公部門局處之間商討、發展跨局處的協力模式。

投入女性就業培力的團體不只提供直接服務，也可以將成功與失敗的經驗整理成相關服務設計的知識財產，組織企業、學界、公益團體等多方關係人舉辦綜合交流的小型論壇，彼此交流。

積極直接對接企業，邀請多方利害關係人加入，共同研討政策面、企業友善具體措施、以及民間團體服務的合作機制，設計出合乎實務需求的行動，實現公民參與。

以終為始下一步

友善「職」驗室，聯合友善企業開發職缺

除了持續串連政府和婦女團體資源，開發多元友善職種，新北市社會局計畫參酌「弱勢婦女就業輔導趨勢報告」，發起「友善『職』驗室」，邀請跨局處政府單位、跨網絡民間團體、企業一同開發友善職缺，將服務擴及更多需求婦女。

邀請企業進行友善職場會議。

● 超級月嫂婦活聯盟

關鍵行動設計

設計一套**支持性**、網絡性、永續性的城市行動

① 健全服務

- **發展差異性**
  月子服務模式
- **培訓月子服務員**
  差異性照顧知能

② 整合處

- **整合團隊**
  建立網絡與凝聚
  創造串聯與工具
- **整合跨局處**
  進行資源互動

③ 發展關鍵優勢

- **規劃與辦理弱勢**
  婦女坐月子培訓專班、托育人員專班
- **協助女性開展與發展**
  後續就業職涯

婦女培力

透過辦理就業支持與適應團體，以提升弱勢婦女及新住 民女性提升自我價值觀、生涯規劃、情緒支持與職場適應。根據自信量表前後測，T 檢定小於 0.05，後測 成績大多高於前測成績，評估學員在課堂前後自信心有 明顯提升；學員在盤點自己的能力跟自我表達上，也有 明顯的聚焦。

專業提升

輔導弱勢婦女與新住民托育人員證照考試目前共有 1 名弱勢婦女通過取得證照。

趨勢梳理

從實務的弱勢女性培力，走到政策規劃與橫向資源整合。梳理弱勢婦女就業輔導需求與趨勢，發展 1 式「新北市弱勢婦女多元就業形態未來發展趨勢報告書」，預計 於 2023 年辦理跨局處論壇發表。

第14章

身心障礙女性×照顧角色×社會支持

「屏障生活」母職再設計

成為身心障礙家庭最完善的孕產育後盾

身心障礙女性成為母親時面臨了雙重困境：身為身心障礙者，如何照顧好自己？身為身心障礙母親，如何教養孩子？環境措施友善嗎？安心生產到育兒的支持在哪裡？這群身心障礙女性的身心負荷相當大，且較缺乏孕、產、育的相關支持資源。屏東縣透過發展「生命敘事」團體，支持女性發揮自助助人價值，更串連跨單位資源，打造共識，合作推出創新服務，成為身心障礙家庭最完善的孕產育後盾。

#身心障礙女性#母職角色
#關係人口#社會支持

關鍵現象與願景

「看見驗孕棒上的兩條線，有些人欣喜若狂，有些人雀躍不已，我呢？身邊的人第一反應是問，『你真的可以嗎？』，問著問著連我自己也產生疑惑，我難道不行嗎？」——這是一位身心障礙女性回顧懷孕過程的體會。身為女性要面臨婚孕種種壓力，身心障礙女性懷孕時，更常面對的是否定與自我懷疑。

一九九九年美國學者蜜雪兒・芬恩與阿德里安・艾許（Michael Fine, Adrienne Asch）指出，許多身心障礙女性不婚或不生育，很多時候並非出於個人選擇，而是因為「母職角色遭受否認」。她們主張，雖然「成為母親」未必是每位女性生命中必然的選擇，但成為母親的權力應當受到保障，不能因為身體差異而受到減損（呂思嫻，二〇一五）。

屏東縣於二〇一九年調查五十位身心障礙母親的生活樣貌，盤點其需求後，發現身心障礙母親面臨身心負荷大、缺乏支持資源的問題，包含：孕前生活經常需要依賴家人親友協助、孕中產檢時交通和醫療設備不友善、育兒教養支持服務缺少障礙觀點等等。這些現象顯示，身心障礙母職的服務設計既片面且零碎，相關單位也尚未建立資源串連的機制。

因此，屏東縣的「生命敘事」團體發起了支持身心障礙媽媽們的社群互助，同時重新盤點服務缺口，積極找尋跨網絡單位建立共識，嘗試勾勒出完善的身心障礙服務，期待為身心障礙媽媽們創造完整的支持環境。

身心障礙母親需求研究

身心障礙X母職育兒

1996 年 美國

美國學者蜜雪兒．芬恩與阿德里安．艾許指出許多身心障礙女性不婚或不生育，很多時候並非出於個人選擇，而是因為母職角色遭受否認。

2013 年 中華民國身心障礙聯盟

針對台灣肢體障礙母親進行調查，發現目前對於母親育兒資訊不足。產檢設備與醫療院所也充滿障礙。

2019 年 台灣障礙女性平權連線

提出新手媽媽網站或親職網站的產後護理與育兒資訊，應符合身心障礙觀點，同時因應障別發展易讀版、差異性服務。

2019 年 ∫ 2020 年 屏東縣

量化研究

於 2019 年 08 月 至 2019 年 12 月調查對象籍於屏東縣並截至 10 月 31 日止育有 0-5 歲的身心障礙者，共 50 位。

量化研究

於 2019 年 08 月 至 2019 年 12 月調查對象籍於屏東縣並截至 10 月 31 日止育有 0-5 歲的身心障礙者，共 50 位。

→ 身心負荷大
1. 孕前無相關支持
2. 需依賴家人親友
3. 產後身心壓力大

→ 缺支持資源
1. 就醫交通困難，環境不友善
2. 育兒支持體系缺少障礙觀點
3. 服務零碎片段，缺少人整合

案例小檔案

身心障礙母親 × 照顧支持 × 社會支持

- 組織：

  屏東縣政府社會處

  財團法人平安社會福利慈善事業基金會、社團法人屏東縣啟智協進會

- 問題定義：

  身心障礙女性懷孕各階段身心負荷大又缺乏支持資源。

- 目標：

  打造屏東縣身心障礙婦女心理與照顧服務支持服務體系。

- 關鍵設計：

  1. 諮商觀點引導生涯敘事，釐清身心障礙母親需求
  2. 攜手相關單位建構友善生育環境，包含居家安全、交通媒合、醫療院所納入障礙觀點再設計。

- 具體影響力：

  1. 研發一套生命敘事引導模式，參與女性增加自信感受到被支持，8 成認為家庭關係因此改善，並自發邀請其他身心障礙媽媽加入，現有 27 名媽媽形成互助社群。
  2. 完成團體成員與兒環境調整及改善，持續培力產育相關人員知能，串連共識，設計差異化育兒輔具資源、友善醫療院所等支持服務。

- SDGs：

  1. SDGs3 良好健康與社會福利：打造屏東縣身心障礙婦女懷孕及照顧支持服務體系。
  2. SDGs5 性別平等：透過社會福利服務，支持身心障礙婦女與家庭孕產和照顧歷程。

3 GOOD HEALTH AND WELL-BEING

5 GENDER EQUALITY

服務設計流程

步驟1 生命敘事引導，建立同儕支持社群

屏東縣政府社會處將此計畫的初期對象，設定為「正處於角色轉換及最高度需要照顧支持的女性，包含正在孕期中，或育有六歲以下兒童的身心障礙媽媽」。我們結合了屏東大學諮商中心，運用正向觀點與生命敘事方法，研發出一套「生命敘事引導模式」，協助身心障礙女性從「自我、孕產、家庭、優勢」四個面向梳理孕產經歷，重新理解自己「成為母親」的這段過程與生命狀態。

透過團體課程，我們把握「零基思考」法（參見X頁），歸納出身心障礙女性在孕產各階段面臨的困境與需求，進一步釐清不同障別的差異狀態，提供個別化服務，包括訪視關懷、月子服務員、育兒指導員服務、家庭空間改造等。

例如，視障媽媽小魚和我們分享：「在為孩子換尿布時，因為我視力受損，總需要像探入恐怖箱一樣，親手查探尿布狀況。」這樣的受挫經歷，在身心障礙媽媽的社群中被傾聽與同理，讓小魚先卸下無法成為標準母親的壓力，後續屏東縣政府社會處到府訪視並媒合資源、提供照顧建議，提升小魚的母職自信。

在交流過程中，我們發現，讓身心障礙媽媽們說出自己的生命故事和育兒經驗，相當具有彼此激勵的作用。因此我們決定攜手「生命敘事」團體的既有成員，擴大團體的規模，邀請既有成員扮演學姊角色，帶領學妹投入團體；也培力更多熱心女性朋友成為「同儕訪視員」，透過親訪，協助釐清不同障別的身心障礙母親的真實需求，以作為支持性的服務設計的基礎，也讓身心障礙母親的社群能成為彼此的助力。

步驟2 跨單位共識合作：建立友善生育環境

「生命敘事」團體提供了身心障礙媽媽心理端的支持，接下來就是建構支持性的環境，屏東縣從

育兒指導員與身心障礙媽媽檢視育兒環境，提供建議。

於屏中需輔具資源中先展出身心障礙媽媽育兒輔具。

身心障礙媽媽的實際需求出發，盤點現有資源，並與相關單位串連共識行動。

模式1 育兒輔具開發與住房改造計畫

屏東縣有三處輔具資源中心，提供身心障礙者、六十五歲以上長者輔具諮詢、評估、租借與維修服務。此外，屏東縣社會處的身心障礙福利科主責身心障礙者服務，對於不同障別的差異需求和現有資源最為了解。因此，計畫主責的婦幼科邀請兩個單位一同投入計畫，以完善身心障礙家庭的居家安全和育兒支持需求。

例如，重度聽語障媽媽曉玫和我們分享：「最擔心的是，當我獨自在家帶孩子時，無法及時聽到孩子的需要而發生危險。」在婦幼科與輔具中心夥伴的建議下，我們為她下載「即時轉錄和聲響通知」APP，該軟體能即時偵測周遭聲響，協助判斷嬰兒哭聲狀態，亦可連接穿戴式裝置，即時接收閃光或震動通知。在家庭環境方面，輔具中心夥伴協助設置樓梯安全門、樓梯間安全護網以及出入口警示燈，幫助曉玫掌握家中人員出入狀況，增進寶寶與居家安全。

評估居家安全的同時，夥伴也詢問身心障礙媽媽們在育兒設備方面的困境，除提供個別建議以外，也依實際需求，採購多元身心障礙育兒輔具用品，充實輔具中心。令人振奮的是，輔具中心看見身心障礙媽媽需求後，更主動化身為身心障礙育兒輔具設計師，實際動手改善輔具的設計。

模式2 加值既有服務：母職支持服務再設計

孕期產檢是保障母嬰健康的必要醫療行為，但隨著肚子一天一天變大，行動不便的媽媽在前往醫療院所途中，經常需要依賴他人。全台灣目前有四個縣市推出「好孕專車」服務，與計程車業者合作，屏東縣也成為其中之一，並特別納入「障礙觀點」，增加復康巴士的叫車選項，讓身心障礙媽媽也能依自身需求來使用好孕專車，是「突破思維」的具體展現。

在產檢的醫療體驗部分，屏東縣除了和轄內醫療院所分享身心障礙者照顧需求，增加其專業認知以外，也邀請主管機關和醫療院所凝聚共識；因為只有照顧支持端的相關人員都更理解身心障礙者的狀態，才能一同支持照護身心障礙家庭。

未來，他們將以「態度知能」、「硬體空間」、「服務流程」三個構面，發展「醫療體驗再設計」，一起建置友善身心障礙女性的醫療產檢環境措施，包含建立友善門診、通用產檢台、提供友善生產資訊與過程支持等，共同打造支持性的環境。

屏東縣的計畫發揮「影響思維」，透過團體活動促進身心障礙媽媽的自我認識、態度轉變並發起互助行動，也積極串連孕產支持相關單位和人員，增進障礙觀點、凝聚服務設計共識與行動。

特色心法

心法1 完整照顧支持：從個別服務到環境改革

運用團體，讓身心障礙女性訴説育兒歷程。

不同障別的身心障礙者，有差異性的需求，本計畫以「使用者觀點」出發，透過焦點團體、生命敘事引導團體，搭配個別服務媒合，盤點其需求；並串連相關人員凝聚敏感度與共識一一對照設計。

這樣的整合式服務，除了降低身心障礙者自己求助的迷茫和未知、增加服務的可近性外，也大大提升身心障礙女性的母職自信，進一步讓不同障別、個別化差異極大的需求，能夠對照出更實際、更清晰的服務圖像。

心法2 看見身心障礙女性的參與能動性

在從事女性服務與設計的工作時，我們需要先建立一個重要的認識——我們所面對的不是問題，而是受到問題困擾的家庭。激勵大家一起思考問題發生的原因、攜手面對與解決困境，將能激勵人的「能動性」，迎向新的可能。

「能動性」（agency）一詞經常出現在性別研究和行動實踐的領域，其概念是，即使身處於較不利的情境中，每個人都仍然擁有主體性，也具有改變處境的能力；每個人都可以成為「能動者」，去翻轉社會的價值觀和作為。

此計畫透過團體交流，不只肯定身心障礙母親在育兒過程中獨特的智慧與經驗，屏東縣也進一步規劃輔具的互助交換平台，讓女性展現自身的助人力量。此外，更積極培力女性成員成為「同儕訪視員」，串聯身心障礙者之間的互動、形成互助網絡，她們將是未來推動服務的重要樞紐。

以終為始下一步

1.「關係人口」的角色和參與

照顧不是母親一個人的責任，家庭的成員也要一起參與，當我們在創造環境友善和支持性系統的同時，也需要思考家庭「關係人口」的參與。在創造關係人口投入的設計時，如果只是講座或指導，不免讓人有說教的感受，因此，我們在設計服務時，首先想到的方法是「情境創造」。

例如，我們設計出「家庭野餐日」活動，讓孩子和爸媽假日聚在一起完成任務。透過爸爸在過程中的體驗，進一步分享身心障礙女性的身心狀態和育兒需求，陪伴爸爸成為神隊友！

家庭日中，邀請爸爸一起參加活動，創造親子共融。

2. 創造身心障礙家庭大平台

在身心障礙取向模式中，醫療模式若僅僅聚焦在疾病與徵狀，容易忽略身心障礙者真實的「身體」經驗與「社會」交織的狀態。她們所感受到的身體變化、各時期遭遇的挑戰或者在社會中遇到的阻礙，是來自於個人身體與心理的獨特性，但我們若以更全面的視角來看，其實有障礙的不只是個人，而是社會——「社會模式」因此更強調友善體系的打造，才能解決問題的根源，也就是必須共同面對「社會性支持不足」的問題。

我們在屏東縣「屏障生活」支持服務過程中，聽到許多身心障礙女性發聲分享經驗，我們發現，大家其實都是生活行動家，創造出許多獨特的生活解方和智慧，可以形成同儕間的支持。我們據此打造出生活用具、育兒輔具的交換制度，讓身心障礙家庭可以透過此一互助平台獲得他人的經驗和用具，不用走冤枉路，讓此一交換制度成為身心障礙家庭的安心屏障。

透過討論，打造出生活用具、育兒輔具的交換制度。

3. 持續翻動生活參與

曾經有一位身心障礙母親的女兒分享：「我小時候與母親印象最深刻的一次吵架，是媽媽來參加我的班親會。那一次是在兒童樂園玩遊戲，但是媽媽沒有辦法到爬梯上完成任務，我對著她大哭，說我討厭她！那一次她默默流下眼淚……我至今都很後悔。」

生命持續往前，身心障礙家庭從一開始懷孕育兒，到小孩進入求學階段形成自我認同、參與家庭事務，再來到身心障礙者邁入中高齡、孩子也走向成年階段，家庭關係和角色都會持續交織變化，每個階段也都有必須克服的挑戰，考驗著社會如何因應。

過去在談論身心障礙服務時，時常會看到「家長的缺席」、「性別體制的不平等」和「對身心障礙者的邊緣化」的三大結構性問題，時至今日的努力仍然還不夠完美。我們相信，持續理解身心障礙家庭的生活樣態是非常必要的，才有機會逐步建立一個真正完善的體系——只有當我們不再需要因為不平等而去特別設計，那可能才是真正平等的到來。

• 屏東縣提供「屏障生活」支持服務模式圖

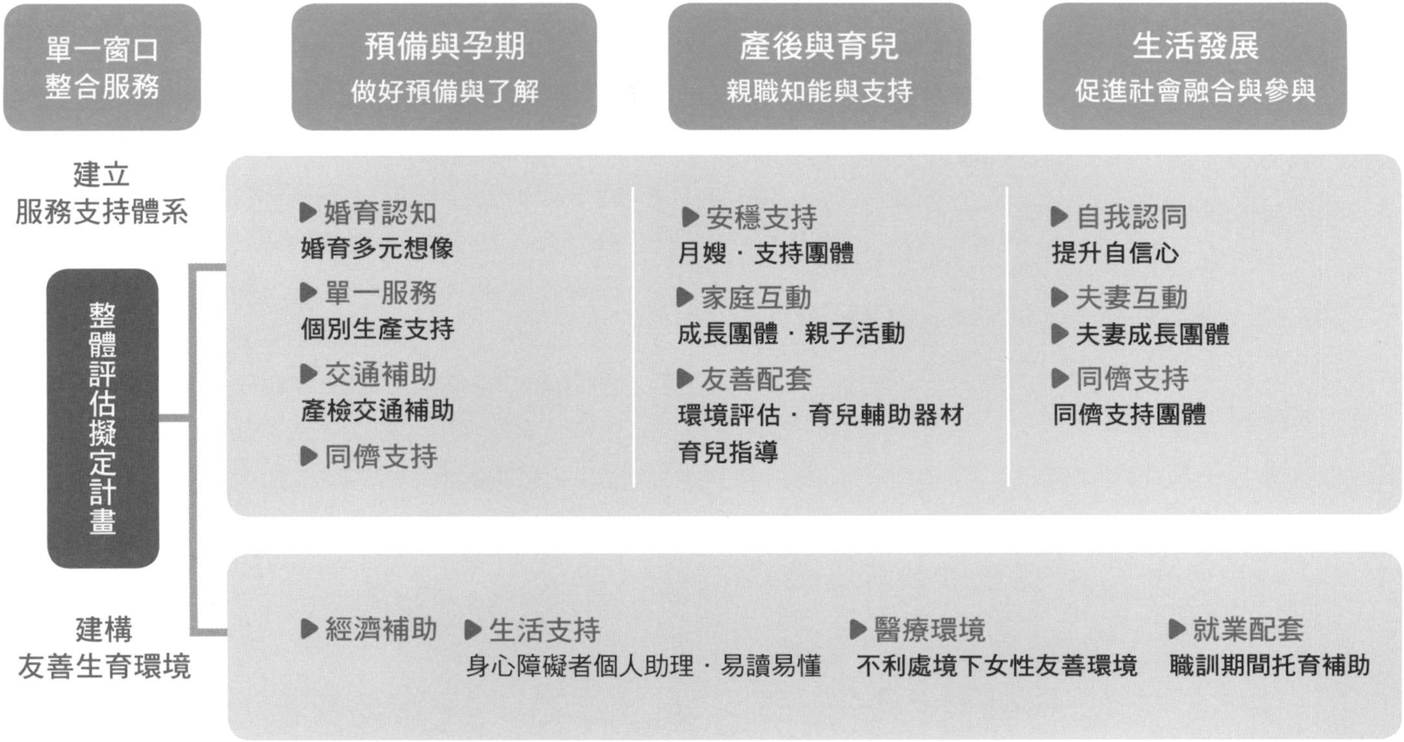
單一窗口
整合服務
預備與孕期
做好預備與了解
產後與育兒
親職知能與支持
生活發展
促進社會融合與參與
建立
服務支持體系
整體評估擬定計畫
建構
友善生育環境
▶婚育認知
婚育多元想像
▶單一服務
個別生產支持
▶交通補助
產檢交通補助
▶同儕支持
▶安穩支持
月嫂・支持團體
▶家庭互動
成長團體・親子活動
▶友善配套
環境評估・育兒輔助器材
育兒指導
▶自我認同
提升自信心
▶夫妻互動
▶夫妻成長團體
▶同儕支持
同儕支持團體
▶經濟補助
▶生活支持
身心障礙者個人助理・易讀易懂
▶醫療環境
不利處境下女性友善環境
▶就業配套
職訓期間托育補助

第15章

●中生代女性 × 地方創生 × 文化復振 × 共生照顧

織工坊的女力經濟

創造兼顧經濟就業、文化傳承和生涯規劃的服務模式

青少女應是擁有多元可能性的時期。有一群「早育女性」在這個階段提前面臨懷孕、教養、婚嫁、職涯等人生抉擇，因為每一步選擇都會受限於經濟狀況與教育程度，自己的真實需求往往被放在最末位。

花蓮縣政府社會處結合了「啄木鳥全人關懷協會（以下簡稱啄木鳥）」，透過啄木鳥創建的「德米路」女子學校，提供她們全方位職涯能力培訓與生涯規劃服務，創造兼顧經濟就業、文化傳承和生涯規劃的服務模式。

#早育女性#經濟就業#地方創生

關鍵現象與願景

聯合國於二〇一一年指定十月十一日為「國際女孩日」，呼籲各國重視女孩應有的人權與照顧。這群女孩有權利知道自己的未來在哪裡，並且找到符合個人能力、可實踐價值的生活模式與工作。

新生命的到來，對於準備好的家庭來說是美好的祝福，對於尚未準備好的年輕媽媽來說卻是不小的挑戰，常因為要應對孕、生、養、婚嫁等急迫問題而忽略自己對人生的追求。

花蓮縣政府社會處發現，花蓮在年輕女性數據方面有三個全國之冠，分別是：未成年懷孕率、未成年生育率、未成年結婚率。進一步分析，未成年懷孕可能造成三面向的影響（Tsai & Wong 二

○○三）：

1. 對母親的影響：孕期孕後的生理健康、提早終止教育急需生涯規劃、新生兒的教養知能、家庭關係、經濟就業、心理議題等。
2. 對孩子的影響：孩子成長於尚未穩定的家庭，進入兒少福利服務體系機率高、甚至影響親密關係經營模式。
3. 對社會的影響：未成年生育與養育子女會需要較高的社會成本，包含社會服務和社會救助等。

其中，對於早育媽媽來說最急迫的需求，是經濟自主與自我意識提升。因此，花蓮縣政府借重啄木鳥的資源，該協會除為早育女性媒合照顧資源外，也嘗試經營多元社會企業，期待透過教育、生活技能培養、職場探索、技能培訓、保存部落文化等方法，引導青少年與女性發現天賦，找到自己的位置、看見改變的可能。

啄木鳥相信，「當一個孩子被看見，他生命的改變會帶來深遠的影響力，當一位女性被看見，她生命的改變會帶來家庭和社會深遠的影響力」。

服務設計流程

步驟1 兼具經濟、文化的培育與商業模式

二○一八年，啄木鳥在花蓮縣萬榮鄉成立了一間販售二手服飾的店鋪，同時展售部落工藝師的編織商品。在與工藝師和社區互動的過程中，啄木鳥開始嘗試陪伴地區早育女性向在地耆老學習織布。

在勞動部多元就業開發方案的協助下，店鋪據點慢慢轉型成「德米路織工坊」，名字源於當地太魯閣族語「Tminun」，是織布、編織的意思。啄木鳥期許德米路織工坊成為一個女子學校，因此設計了雙重培訓路徑：「硬實力」與「軟實力」。

在硬實力方面，啄木鳥培育織工坊女性學員全方位的營運能力，包含編織、縫紉、色彩學，並定期安排外部參訪，帶領學員們學習設計出合乎市場需求的產品、陳列和販售方式，陪伴她們練習簡報

「德米路織工坊」女性學習織布，工具也是參考傳統樣式自己改良打造。

女性編織的作品可以縫製到皮包、毛毯等產品上。

案例小檔案

早育弱勢女性 × 經濟生涯 × 照顧支持

- 組織：

  花蓮縣政府社會處

  啄木鳥全人發展協會

- 問題定義：
  1. 早育女性在經濟就業、生活穩定、生涯規劃等面向面臨全方面的急迫需求，首當其衝的需求為經濟自主以及自我意識的提升。
  2. 此外，早育女性子女的照護、托育、照顧、親職等需求議題待被解決。

- 目標：
  1. 透過成立女子學校，作為早育女性的學習基地。
  2. 建立早育女性經濟培力模式研發基地。
  3. 建立部落早育女性照顧與工作空間
  4. 提升早育女性子女照顧品質及量能

- 關鍵設計：
  1. 成立部落早育女性共生空間，滿足女性經濟就業、自我意識提升、生涯規劃、家庭照顧、文化傳承等需求。
  2. 以據點作為服務研發基地，媒合周邊大學資源，設計創新親子照顧支持服務和部落共生服務。

- SDGs：
  1. SDGs3 健康與福祉：透過規劃親職教育課程、建置友善親子空間，照顧早育女性及其子女，確保早育女性與子女的健康權益與福祉。
  2. SDGs5 性別平權透過建置早育女性支持網絡，提升早育女性自我價值感、促進就業穩定，並規畫配套措施，從照顧、經濟、自我實現個面向減少早育女性面臨的性別困境，促進性別平權。
  3. SDGs8 合適的工作：及經濟成長以光復鄉為樞紐於大富國小成立女子習藝所成為花蓮中區建立早育女性經濟培力模式研發基地增進光復、萬榮地區早育女性就業能力、就業機會以及提升早育女性經濟安全，促進包容永續的經濟成長。
  4. SDGs11 永續城鄉：整合女子學校研發中心及馬遠部落實踐經驗推動到其他部落創造早育婦女共生基地平台。

3 GOOD HEALTH AND WELL-BEING　5 GENDER EQUALITY　8 DECENT WORK AND ECONOMIC GROWTH　11 SUSTAINABLE CITIES AND COMMUNITIES

● 具體影響力：

1. 於部落發展出一個兼具工作育兒的友善空間
2. 透過發放問卷與焦點團體，完成馬遠區域個案需求盤點。
3. 8 位早育媽媽穩定參與團體，完成 12 次編織培訓課程。（截至 112 年 7 月）
4. 穩定提供 14 個育有 0-6 歲孩子的家庭支持服務。
5. 延續與富源國中合作模式，親子空間募集 5 位學生志工一同提供早育女性支持服務，切身理解相關議題。

一起去野餐。

德米路日常工作生活照。

文化的源頭：苧麻。

製作、產品策劃和展銷溝通等技能，完成一套完整的商業模式學習。此外，也導入經濟管理課程，幫助她們培養理財觀念，學會安排日常生活用度並鼓勵她們儲蓄。

另一方面，也需要培育軟實力，啄木鳥特地安排自我管理、人際關係經營、職場溝通合作技巧等課程，同時嘗試建立團體成員的互助模式；此外，也安排學姊學妹的制度、編織小老師，提供成員更大的支持與成長空間。

步驟2 擬定個別化服務計畫，陪伴設定生涯目標

德米路女子學校還有一個特色，那就是將培訓期限設定為兩年，期待女子學校作為年輕女性職涯的「中繼站」，在硬實力、軟實力的培育下，兩年後的學員們都能穩健踏出腳步，邁向更廣闊的就業和生涯藍圖。

在每一位成員加入德米路前，啄木鳥會一一與之對談，了解其婚育、家庭、經濟等狀況，針對較

德米路的成員除了掌握編織能力，也要學會擺攤、展售並自負品牌盈虧。

為急迫的需求，主動媒合內部或其他單位的資源提供協助；同時，透過盤點學員個別的興趣愛好以及對未來生活的期待，再依據未來志向提供成長方向與職涯規劃，導入多元的導師團隊，以協助考取專業證照。

兩年的培育期，並不代表啄木鳥的服務就此畫上句號，女性學員可以選擇留在德米路內部升職，邁向更有領導責任的職位，也可以視個人能力和期待，挑戰啄木鳥旗下多元社會企業的職務。若有其他規劃，啄木鳥也會積極協助媒合她們到其他單位的合適職位。

二〇二二年開始，德米路以廢棄的大富國小為據點，讓部落早育或是經濟弱勢女性擁有更充足的空間，她們可以在德米路學習織布獲得就業機會，也編織出屬於自己的未來道路。

步驟3 納入照顧支持服務，擴散服務範圍

當德米路女子學校運作逐漸成熟，達到自主營運、自負盈虧的目標，再加上幹部培訓漸趨穩定，啄木鳥開始將下一階段的目標設定為「擴散成功經驗」。

透過啄木鳥與富源國中合作的女性與青少年議題課程，四位年輕學員霜玥、恩慈、曉瑜、珍宇，對早育母親的議題與需求有了深入的了解。她們觀察到，在地的「馬遠部落」缺乏合適安全的幼兒空間，於是萌生「建立親子空間」的想法。

啄木鳥的總幹事彭伯華回憶，「那時候想說，好！妳們有這樣的心願，我一定要協助妳們達成！」。啄木鳥連結講師資源，培訓她們撰寫計畫書、製作簡報、提升表達的能力。

四位女孩的誠心感動了馬遠衛生室的主任，獲得二樓閒置空間的使用權，也以完整的企劃書和簡報能力獲得富源國中校長與工研院的青睞，成功募款取得建立空間與運營的資金，馬遠親子館「MASUAZ 親子空間」正式成立了！

為了深化親子空間的服務，二〇二二年啄木鳥申請聯合勸募方案與婦女創新計畫，邀請專業社工

人員進駐服務，從關懷訪視、盤點在地需求開始，提供早育女性親職教育、關懷喘息服務、嬰幼兒照顧知識分享等服務。

此外，啄木鳥複製德米路女子學校的軟實力、硬實力培訓和生涯規劃服務，讓親子館空間成為「馬遠織工坊」的新據點。德米路織工坊的既有成員，此時也成為「學姊」，傳授新學員們硬實力、軟實力技巧。不同的是，馬遠織工坊多了親子館的照顧資源，富源國中的小小志工們也提供了臨時托育和喘息支持服務，讓這群早育媽媽們在沒有後顧之憂的狀態下安心學習與就業。

「德米路織工坊」商品主管碧雲，在生育孩子後經歷長時間的工作空白期，她分享，「剛開始的時候我連車縫針線都看不到，縫個直線也九彎十八拐的，當時有股聲音一直在我腦海浮現，『放棄吧、辭職吧』」。現在，她已成為德米路最令人安心的主管，不僅能高效率完成所有商品的設計與出貨，也擔負起教學的職責，期待能陪伴更多年輕女孩們學習與成長。

如果以蝴蝶的生長狀態「卵、毛毛蟲、蛹、蝴蝶」來比喻現在的狀態，碧雲自信地說：「我覺得我現在是蝴蝶，因為經濟變得比較自由，而且可以幫助別人！」

步驟4 建立互助團體

「因為路過你的路，因為苦過你的苦，所以快樂著你的快樂，追逐著你的追逐」，蘇芮的這首〈牽手〉，象徵著德米路、馬遠織工坊的成員對彼此相知相惜的精神。

在每一次編織課程和工作結束後，團體成員會運用時間分享近期的生活、育兒心得與家庭議題，啄木鳥會視情況安排相關的支持，例如兒童成長發展評估、早期療癒的資源分享，以穩定家庭的照顧需求。

啄木鳥也在馬遠發展出團體工作模式，邀請成員共同討論、提出對於織工坊的規劃和期待。此外，也設計小天使制度、慶生聚會、小旅行課程等活動，

馬遠親子空間，由四位富源國中的女孩提案成立。

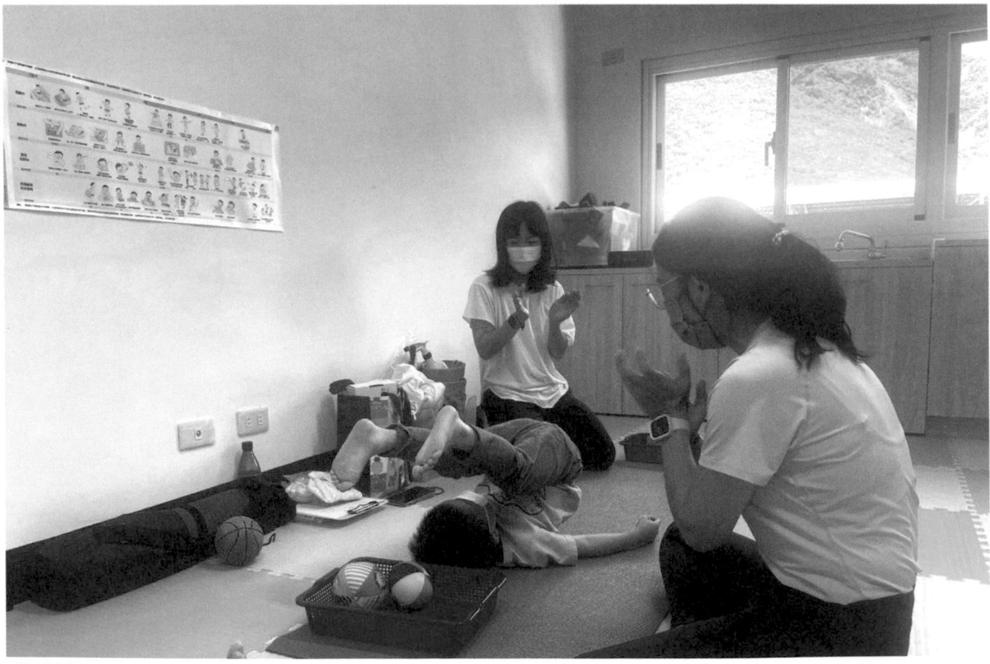

「馬遠織工坊」提供參與女性學員臨托服務，支持成員照顧需求。

鼓勵成員主動認領任務，成為捲動團體凝聚力的圈內人，培養凝聚力與動力，共同思考生涯規劃與未來期待。

啄木鳥也會在年末整理大家的生命故事，一同回顧參與計畫以來的成長，期待為期兩年的培育，能讓每個學員經濟穩定並學習規劃自己的生涯方向，讓大家成為一群不會被時間壓力沖走的旅伴，在「成為自己」的路上相互扶持。

特色心法

心法1 職涯中繼站的定位

許多女性都不約而同地面臨急切的經濟需求，本著給魚吃不如教釣魚的心，相關服務除了提供急性補助費用，也會設法媒合就業資源；但既有的就業資源，經常無法滿足女性因家庭照顧責任的「彈性」需求，也鮮少能陪伴她們穩定發展職涯。

許多非營利組織的下一步行動，是成立一個合乎女性真實需求的就業管道，例如成立一間公司或是社會企業。在思考企業定位、營運、產品開發之外，也需思考企業期待服務的對象與員工成為什麼樣子。

啄木鳥成立德米路和馬遠織工坊初始，明確以兩年為期，在有限的時間導入多元師資，提供女性硬實力、軟實力的培育。此外，搭配個人生涯規劃、多元就業媒合服務，每一個設計都導向讓女性邁向自立的核心精神。

心法2 照顧支持系統的建立

陪伴德米路的成員多年，啄木鳥發現家庭照顧責任有時會對女性會帶來負向影響力，因此在新成立的馬遠據點特別加入了「照顧、支持」元素，於課程間提供女性學員臨托服務，讓她們能暫時釋放責任，專注自身學習；居家喘息服務也能減輕她們日復一日的壓力。

除了提供相關責任減輕的支持性服務，啄木鳥也積極面對問題的根源，鼓勵家庭共同分擔照顧責任、引動家庭成員的動力；未來將持續前往家庭進行關懷訪視、媒合服務，期待能夠促進部落共生模式。成就女性需要整個村落的動員和創造。

心法3 學姊學妹互助成為生涯旅伴

學姊學妹制度的設計，不管成員是否能完整經歷啄木鳥的課程，都一定會收穫一群可長可久的旅

織工坊重要的成員，也是目前織品的老師碧雲，正在專注的研發新產品中。

碧雲（圖左）是商品主管，也是成員最信任的大姐。

伴，是生涯路上珍貴的寶藏。

≫以終為始下一步

馬遠織工坊除了提供初步編織課程的培訓，未來希望能整合政府與在地團體資源，持續陪伴女性學習職場的硬實力與軟實力。彭伯華觀察到，早育女性的生涯充滿變動性，可能受到家庭、親密關係等重要他人影響而提早離開培訓；因此織工坊將發展「家庭代工」形式，讓女性也可以在家就業，讓軟硬實力的培訓不致中斷。

未來，花蓮縣政府社會處期待親子空間可以提供更全面的服務，後續將導入鄰近大學資源和人才，以扶植部落婦幼建立親職教育團隊；同時積極發掘、培育在地女性的角色與能力，發揮部落互助共生價值。

• 創造在地共生場域．經濟生活實踐模式

核心目標	關鍵投入與內容	目前成果
發展經濟力 ❶ 提供個別化服務計畫 ❷ 團體工作與軟實力培育 ❸ 完整化早育女性經濟力	❶ 擬定個別化服務計畫 ❷ 經濟培力 (1) 建立關係階段 -(已完成) 搭配織工坊前導課程 (2) 穩定後團體階段 - 包括團體工作、簡報力、理財力 ❸ 規劃就業培力，啟動馬遠織工坊 (1) 技能培力 (2) 耆老連結 (3) 產品設計 (4) 產品擺攤	❶ 目前關心的個案有14位，孩子有25位，年齡分布於 0-6 歲，預計完成 4 位個別計畫。 ❷ 目前完成第一階段的前導課程，共有 4 位參加，後續要進度就業培力階段。 ❸ 同步進行蒐集女性生活樣態的訪談了解 邀請 9 鄰，30 位女性回答，整理樣態報告
設計配套措施 ❶ 建立部落早育女性陪伴 ❷ 提升早育女性照顧品質	❶ 提供臨時托育服務 ❷ 搭配志工提供親子館與 居家喘息服務 ❸ 規劃親職教育課程 ❹ 建立家庭關懷服務平台	❶ 馬遠部落的親子館同步為工作場域，提供臨托，4 名部落女性學習和未來工作場所 ❷ 與富源國中合作培力志工，招募 5 位志工進行服務，4/15 辦理了社區兒童篩檢服務， 和居家的活動引導服務。

第16章

設計妳的第三人生

讓姊姊們重拾對未來充滿期盼的自己！

●中高齡女性 × 青銀共創 × 農村經濟

你對於退休生活有什麼期待？除了規劃休閒、結合興趣、專注健康等服務準備，過往的生命經驗跟你的退休生活有什麼關係？人口老化比例相當高的苗栗縣，看見中高齡女性的退休期待，從故事淬煉開始，與女性一起挖掘曾經遺失的美好，集合個人優勢、同儕力量，更結合在地青創團隊的創意，設計出呼應在地文化的退休行動，讓姊姊們重拾對未來充滿期盼的自己！

#中高齡女性#生命淬鍊
#青創合作#農村經濟

》關鍵現象與願景

台灣的中高齡婦女成長的年代，是快速的經濟建設時期，有著亞洲四小龍的榮景。這群女性有國民義務教育的保障，但受限於原生家庭經濟狀況和照顧責任，國中畢業後需要早早投入勞動市場，薪水供給家庭日常還有弟妹讀書使用。成年結婚後，多數成為職業婦女，前往工廠工作肩擔部分經濟責任，負責一家老小的起居生活。

隨著時間推移，當老者逝去、孩子獨立，中高齡者的照顧責任減輕，心理頓感空虛。這是因為年輕時的生活圍繞著家庭照顧和工作，鮮少有機會發展個人興趣、思考未來理想。苗栗縣就發現，50歲以上的女性高齡者佔全縣女性人口 20.27%，雖然仍有生產力和可能性，但因為民風保守、受限於家庭照顧等因素，導致經濟自主性和社會參與度都偏低，對於退休生活更是沒有規劃。

除了傳統社會角色框架外，以農業發展為主，有「山城」之稱的苗栗，也正面臨著人口老化、青年外移、就業機會少等區域問題。苗栗開始思考，能否發展一個服務模式，讓中高齡女性有展現自我價值的平台，刺激區域經濟與退休生活想像，甚至勾起青年回流意願，帶動區域整體多元性呢？

服務設計流程

步驟1 女性的議題，青年有答案！尋青之旅

苗栗縣的婦女團體相對歷史悠久，有其組織發展的目標和方向，且習慣依循過去的經驗設計延續性服務，需要有新的調味才能改變目前的風味。誰能夠成為調味者協助翻轉呢？我們發現區域中的一群青年們十分關注議題時事，自主在不同的地域

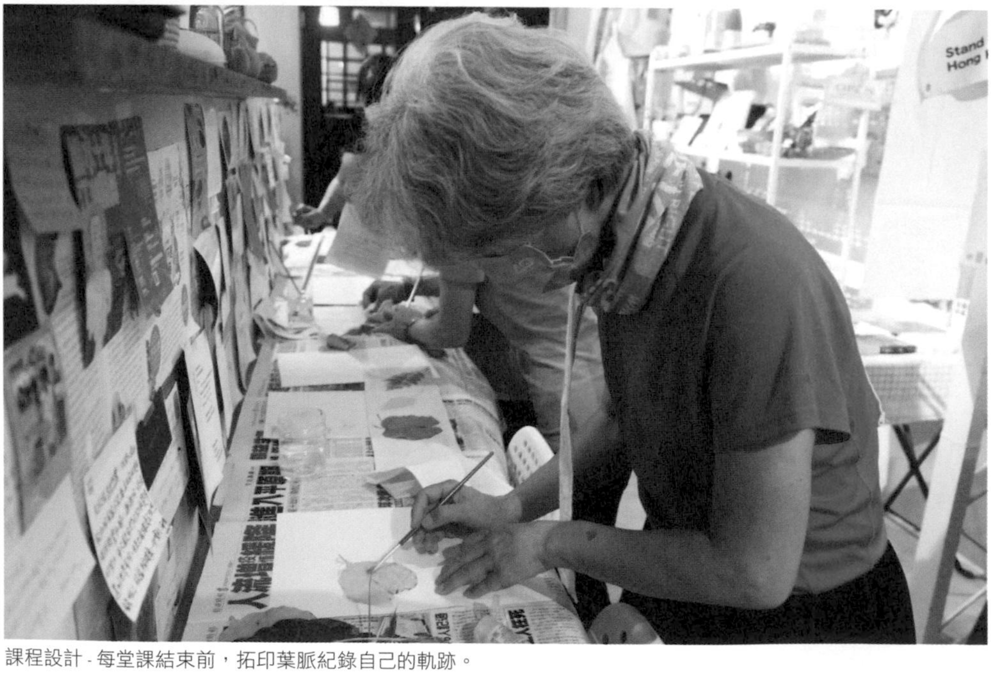

課程設計 - 每堂課結束前，拓印葉脈紀錄自己的軌跡。

案例小檔案

中高齡女性 × 青銀共創 × 農村經濟

- 組織：苗栗縣政府社會處、苑裡掀海風
- 問題定義：
  1. 尚有生產力的中高齡婦女，因家庭照顧責任，導致經濟力和生涯可能性較低。
  2. 苗栗既有區域資源缺乏，青年人口外移
- 目標：
  1. 培力中高齡婦女以既有生活技能、文化資本出發，探詢創新生涯規劃。
  2. 促進青年與婦女代間互動，翻轉婦女服務願景。
- 關鍵設計：
  1. 以時間醞釀生命滋味工作坊：辦理 8 堂結合生命敘事元素與個人品牌建立課程，引導婦女關注自身、分享經驗故事，互相療癒、提升自信、建立支持互助社群。
  2. 「尋『青』之旅」連結 11 個青創團隊討論共識
  3. 挖掘婦女專才，結合在地文化設計個人品牌，搭建苗栗女性電商平台
- 具體影響力：
  1. 女性退休社群的自主互助：12 位婦女彼此感情緊密相互支持。
  2. 尋青之旅後，有 5 個單位與社會處合作婦女與性平方案。
  3. 目前有 5 位姊姊發展個人品牌，其他姊姊也對於退休生活有更豐富的安排。
- SDGs：
  1. SDGs1 終結貧窮：陪伴苗栗婦女建立品牌，提升中高齡婦女經濟自主。
  2. SDGs5 性別平權：提出新苗栗未來婦女願景，陪伴婦女掙脫傳統角色框架，提升未來自主選擇權。
  3. SDGs8 合適的工作及經濟成長：培力中高齡婦女深化既有生活技能、文化資本，轉化為經濟資本。

合作單位簡介» 苑裡掀海風，是一支從「反」到「返」的農村工作隊，自 2013 年參與社會運動抗爭之後，返鄉苑裡的青年，持續深耕在地文化和教育。現在在苑裡小鎮街上開一家小書店「掀冊店」，販售書本、知識和在地農產。

裡，運用自身能力和專長，導入新的方法，翻動社區的議題。

於是，苗栗縣政府社會處決定展開「尋青之旅」，地毯式搜索區域中的青年團體，接著一一拜訪並了解其服務軌跡，期待能結合青年的觀察與政府的經驗，聚焦在地女性服務缺口，一同構思創新服務可能性。連結的單位包含：銅鑼觀光產業協會在內的雙峰草堂、億達草本、小樹的家、云禾廚房、三義鄉溫馨廚房、苑裡鎮掀海風、苗栗婦女中心等團體。

我們攜手苑裡的青年團體「掀海風」，一同挖掘中高齡女性的經驗，設計兼具商業性和區域教育文化影響力的產品，發展苗栗女性退休經濟平台。

步驟2 找出服務對象

服務的概念有了，再來要找到對的人才行。我們和掀海風一起拜訪中高齡女性組織、地方社區發展協會、志工隊、在地職人等，溝通共識彼此對於退休生活的期待。當吸引了許多有興趣和想投入的人後，接著透過個別的電話討論和聯繫，了解每一位參加者的投入動機和目前的生活樣態。這段過程不僅可以釐清計畫的內容，也可以清晰地說明後續投入的互動模式，盤點出合適的服務對象，也設計對應的服務，盡量避免服務提供後的落差期待。

步驟3 從生命滋味，醞釀價值與未來

以創造女性生命和經濟價值為核心，我們設計了「生命滋味工作坊」，讓女性分享影響自己的生命故事、梳理對於退休生活的期待、深化拿手才藝設計品牌。期待女性在在發展微型創業時，也肯定自我，同時建立互助社群，共創女力經濟平台。

有別於一般的創業培力課程，苗栗注重女性群體的互助和自主性，我們設計出情境式的引導課程，增加姊姊們的參與感，從中引動她們思考核心問題。

例如，第一次相見歡的「苔學典禮」帶領參與

者製作苔球，在包裹青苔、土壤、植栽的過程中激發互助合作；接著，引出這些僅需要適量水分就可以生長的苔球，象徵有著夢想的自己，同樣需要日常細心的照顧和定時澆灌。最後，我們以時鐘為概念，讓姊姊們繪製日常生活的時間分配，觀察、描述自己目前生活和理想之間的差距；這個設計降低了姊姊們回答文字問卷的門檻，開始在她們心中埋下對於退休生活的思考。

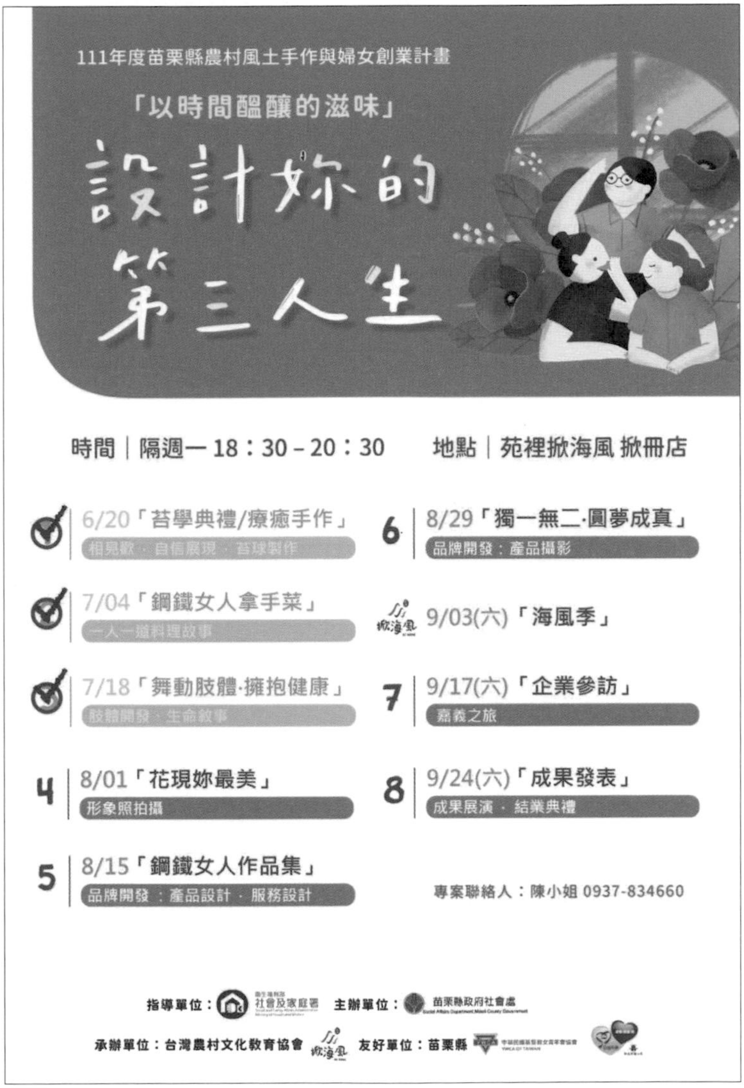

再分享一個引導方法！我們邀請姊姊帶來一件意義深遠的衣服分享記憶故事：有位喪偶後決定承接先生志業的姊姊帶來漁會背心；被傳統家庭限制求學機會的姊姊，帶來拼命賺錢讀夜校時的高職制服；來自菲律賓的姊妹帶來的是，嫁到台灣時婆婆贈送的第一件衣服，象徵著來台感受到的善意……。

這些安排巧妙不帶壓力，每個人侃侃而談自己的生命經驗，也在不同的記憶中看見彼此生命的韌性，互相鼓勵支持。

社群的支持有了，我們接著邀請姊姊們交流興趣專長，發現團隊裡臥虎藏龍！有很會醃醬菜的、做辣椒醬的烹飪系姊姊；有擅長車縫衣服、編織織品的手作系姊姊；有喜歡擔任志工、擅長與人交際的分享系姊姊；還有因為外在因素暫時擱置夢想，擅長繪畫與製作拼布包的藝術系姊姊……每每談到自己的專長，姊姊們眼裡的光是那麼耀眼，但只要一接收到旁人的誇讚，姊姊就會開啟超級謙虛模式，彷彿一切微不足道。

這時候，不等「掀海風」的帶領夥伴鼓勵姊姊，互助社群中的所有姊姊們先一步站出來，真誠的誇讚肯定彼此。漸漸的，開始有姊姊帶著手作甜點、手工藝作品來分享，在大家的支持中建立自信，對於未來可能發展出的經濟模式也更加期待了。

步驟4 「生命故事」、「商品培力」雙軌模組

成功引起姊姊們對於退休生活的期待後，後續的引導就順風順水。我們持續培力姊姊發展行動或投入創業的必備技能，包含名片設計、形象照拍攝、品牌價值構思、文化創意行銷，結合青年團隊的在地創生行動，姊姊們融入了地方市集、重要慶典。這一套世代合作的模式逐漸形成，支持姐姐們開創自己的第三人生。

一位過往全職照顧孩子的姊姊，直到孩子長大後，才開始有時間參與課程。這次的計畫讓她重新思考自我價值，學習愛自己，也重拾畫筆畫抽象畫義賣，在姊妹們的支持和客戶的鼓勵中，他分享「我開始學會肯定自己，期許自己可以更進步！」

每一份料理、每一種專長，都是女性生命的濃縮倒影。未來此計畫將持續進行融合「生命故事」和「商品培力」的雙軌服務模組，凝聚更多女性的情感和行動。

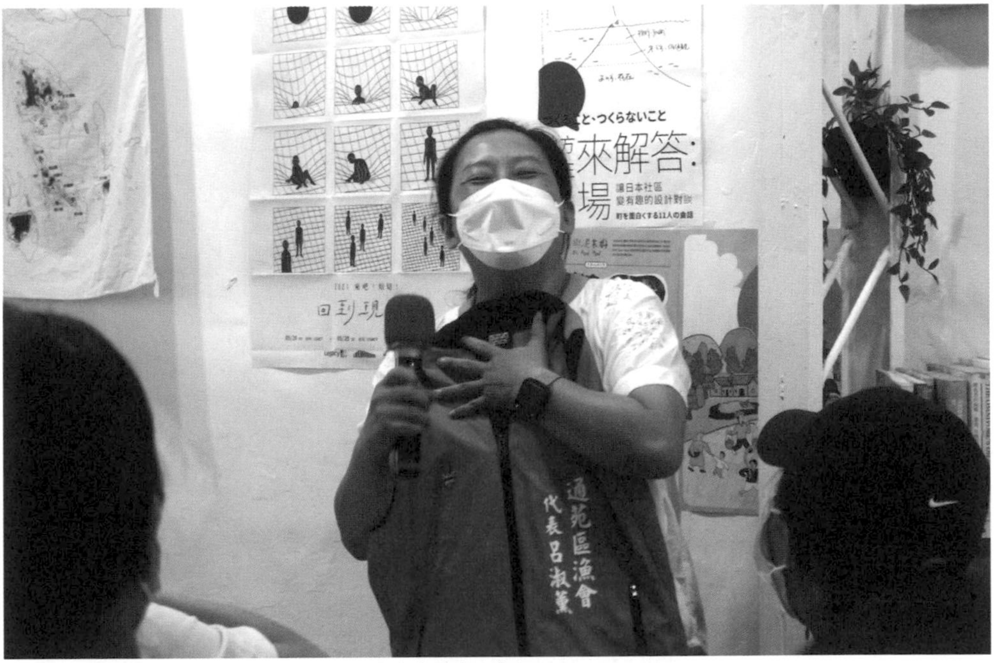

課程設計 - 最喜歡的衣服 - 姊姊帶來象徵先夫志業的漁會背心。

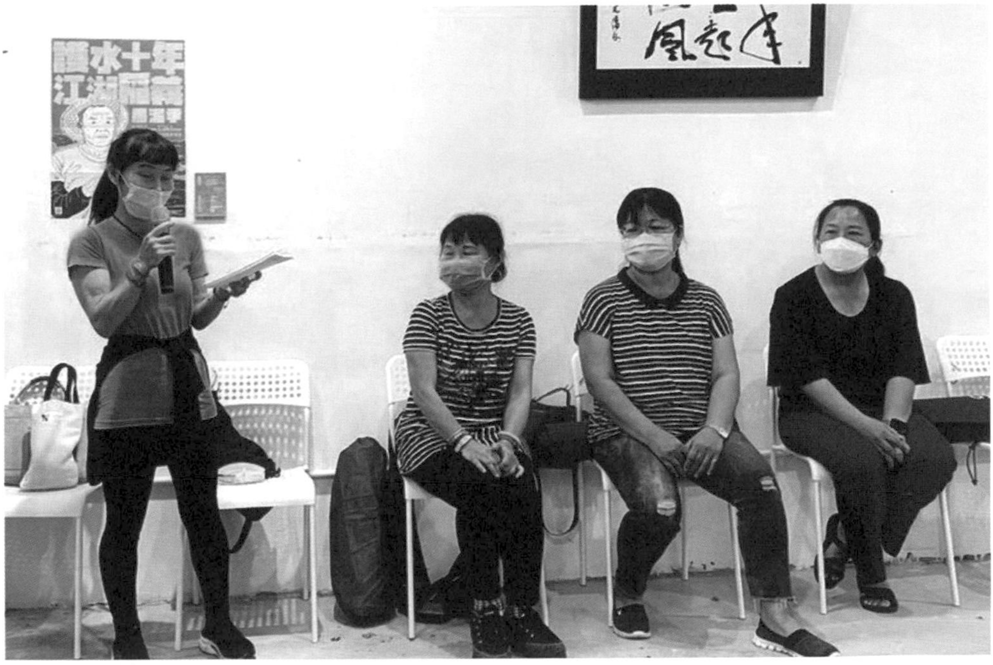
姊姊們逐漸成為彼此的支持者，自信地分享想法。

特色心法

心法1 聚焦核心對象：找出共識是啟程的鑰匙

找對人，是計畫發展的關鍵核心。日本的社區設計大師山崎亮曾經分享，投入地方的首要任務，是要先和在地分享彼此期待、了解參與方法、連結共識後，才能引動地方也加入。不管是串連那些曾經受限於家庭照顧而缺乏退休想像、甚至無法擁有自我時間的女性，還是對於解決地方議題有興趣、有能力的青年，兩方都需要經過深度的溝通、找出共識，合作旅程才能順暢。苗栗縣政府社會處有耐心地一一拜訪聯繫，才創造婦女與青年合作的力量。

心法2 微小而重要的靈魂設計：創意成效評估

對於長期投入家庭照顧或從事勞力工作的女性來說，適應高概念的引導是吃力的。「掀海風」透過設計視覺化、沉浸式的引導方法，例如苔球製作、日常時鐘繪畫，在姊姊們分享時搭配社工穿針引線、激發她們勾勒新的生活想像，都具有促進姊姊們交流凝聚、近而掌握自我洞察的效益。

這些設計可以搭配成效評估繼續發展，例如鼓勵她們記錄下來苔球的生長狀況、生活時鐘在參與計畫前後的改變等等，都將成為苗栗未來擴散服務範圍時有所依據的溝通工具。

以終為始下一步

1. 打造女性價值平台

苗栗將持續在各鄉鎮找尋合作社群，依循各鄉鎮地方特色和跨世代團隊，一同打造女性的舞台，展現其生命故事與經濟力，形成可影響在地、可促成更多關係人口加入、向社會倡議的平台。

2. 生命故事是開始，持續分享紀錄

多數計劃會在團體變動或計畫階段完成後便暫

課程設計 - 時間圓餅 - 釐清日常時間分配，把更多時間留給自己。

昱妏姊姊的手作造型饅頭。

停，雖然留下了作品，卻無法構築後續影響。我們和「掀海風」完成第一年的生命滋味工作坊結束後，仍持續優化設計，陪伴參與女性進行生命整理、記錄計畫的歷程對女性的影響，希望促進姊姊們看見自我成長並彼此分享交流。

3. 十八種實踐想像和行動

苗栗縣橫跨了十八個鄉鎮，每個區域的女性特色差異相當大，甚至會與鄰近區域形成移動遷徙。以竹南、頭份而言，因為靠近新竹市，吸引了新竹科學園區的人口南下，形成了年輕夫妻的遷入。這群女性的生活樣貌和需求與其他區域不同，因此必須透過區域社群的溝通和交流，才能擴充、創造更多人參與，創造出十八種甚至更多樣的女性生命滋味。

● 苗栗縣女創新服務設計圖

中高齡與 退休安排	啟發	萃取	擴散
農村經濟 爬梳女性生命經驗 貼近在地風土紋理	**生命梳理** ◆說明會暨共識營 ◆生命滋味工作坊 ◆行動參與 / 記憶展	**商品設計** ◆品牌經營 ◆核心角色 ◆持續營運	**穩定發展** ◆新品上架 ◆宣傳分享 ◆持續擴散
青銀合作 青銀世代共同創造 實踐女性熟齡價值	**尋青之旅** ◆進行青團拜訪互動 ◆規劃共識見面會	**切入連結** ◆建立合作機制 ◆展開討論規劃 ◆執行青銀計畫	**穩定發展** ◆區域發展 ◆定期討論 ◆合作發表

第17章

●跨世代女性×議題轉繹×空巢獨居喪偶

一個人生活也不孤單

讓姊姊們重拾對未來充滿期盼的自己！

女性邁入中高齡，若面臨獨居或喪偶的空巢期，一個人如何好好生活呢？

雲林縣聚集一群有著類似經驗的女性，在梳理區域傳統文化與群體經驗之後，設計出「療癒團體」與「大眾倡議」雙軌服務。計劃陪伴她們一起梳理生命經驗、建立緊密支持社群，並將過程整理成冊，甚至搬演上舞台，期盼女性自身、家人、社區、大眾能一同理解其需求，並付諸行動，提高社區的支持度，讓姊姊們一個人生活也不孤單。

#社區互助#身心療癒

#社會參與#支持系統

》關鍵現象與願景

曾聽一位雲林農村的中高齡大姊分享，因為早年喪夫需要獨自撫養孩子，這艱辛的歷程沒有受到支持，鄰居反而議論她「剋夫」，讓她的處境相當孤單無援。邁入更年期後，大姊的身心迎來許多改變，但受限於農村封閉傳統的框架，擔憂找人傾訴會引起議論，加上過去受到「照顧者」角色束縛，人際關係薄弱，根本找不到能訴說的對象，她感覺非常寂寞，有時甚至需要依賴藥物輔助才能入睡。

單純聽大姊分享，也許會覺得這是一個令人心疼的個案故事，只要針對其心理需求，協助媒合公部門既有的心理服務就好。但我們應用「零基思考」和「改變溫度計」的概念去探詢現象背後的底層成因，發現早年喪夫、獨自撫養孩子只是表面，底部埋藏著傳統農村對喪偶女性抱持負面認知和態度，使她們鮮少得到關心和援助；加上青年人口外移、女性平均餘命長等因素，才是導致女性步入晚年後因「獨自生活而感到孤獨憂鬱」的關鍵。

繼續爬梳相關的數據發現，二〇二〇年調查女性服用抗憂鬱藥物的人數是79萬人，較過去十年提高了55%。不像其他感冒外傷等外顯症狀容易被發現及早治療，憂鬱症埋藏在難以名狀的幽微心情中，許多女性會開始說服自己「大家好像都是這麼過來的」，身心議題就更容易被忽略了。

我們將光圈逐漸聚焦在「農村、獨居、中高齡女性、心理議題」後，接著發想：這樣的女性期待什麼樣的服務呢？

服務設計流程

第1步 以「務實思維」深化服務，建立專屬獨老女性的療癒團體

從「我」寫到「我們」：未被說出口的女子呢喃

發展計畫的第一步，從盤點現有服務與資源開始，我們和雲林縣社會處一起爬梳，發現各地婦女中心其實經常辦理成長團體或支持團體。主責單位會規劃特定主題，讓成員透過分享想法與互動，達到支持、療癒與共感的效果。

而雲林縣社會處也曾辦理過「喪偶女性團體」，當時邀請一群有喪偶經驗的中高齡婦女，來分享彼此的共同經驗。從記錄中我們發現，縱使時光過去，婦女們談到彼時的悲傷和挑戰時，依然會傷感落淚；在互相傾聽中，姊姊們訝異彼此經驗的相似性，在共感中互相鼓勵，也獲得更多力量。

秉持著「務實思維」，我們再度找來這群獨居、喪偶或空巢期的女性，為她們舉辦「歲月療天室」。不同於以往的是，我們進一步與專業的心理師合作，引導她們由淺至深地梳理生命脈絡，從角色轉換、自我認同到未來的生活安排等不同面向，不只療癒彼此，也分享對未來生活的想像。

每次的團體活動約兩小時左右，由心理師及社

案例小檔案

跨世代女性 × 議題轉繹 × 空巢獨居喪偶

- 組織：

  雲林縣政府社會處

  社團法人雲林縣婦女保護會

- 跨域合作：

  好感生活研究所：整合出版業的資源，以第一人稱口吻，將雲林姊姊們的歲月呢喃轉寫成插畫語錄，出版「遇見那個想念的自己」，也負責後續行銷推廣。

  阮劇團：將語錄的故事轉寫成劇本，設計肢體工作坊，陪伴姊姊透過身體律動，覺察身心狀態，嘗試成為素人演員，進入社區演出自己的故事。

  5% Design Action：聚焦空間需求與期待，協調使用者、政府、裝潢設計公司三方建議，改建歲月療天室空間。

- 問題定義：

  農村獨居喪偶、空巢孤獨中高齡婦女受傳統會框架影響，缺乏情緒紓解出口。

- 目標：

  透過生命故事書寫及展演，並與大眾對於農村婦女心理議題認識。

- 關鍵設計：

  1. 組織中高齡婦女生命敘事團體，讓婦女獲得內在療癒與支持社群。
  2. 萃取中高齡婦女故事，撰寫書籍、至社區展演生命故事與大眾溝通中高齡婦女心理議題。

- 具體影響力：

  1. 開發「生命敘事展演」團體服務模式，9 位參與女性提升自我認同與正想思考，認為對未來生活有幫助，7 成與家庭及重要他人的互動呈現重要改變。
  2. 發展倡議讀本【遇見那個想念的自己】創造世代理解，成員的孩子與親友透過閱讀認識不同面向的女性樣貌。
  3. 肢體展演工作坊陪伴婦女透過肢體覺察自我，達到療癒。
  4. 戲劇公演提高社區支持共計演出 5 場，累積觀眾超過 400 人次，100%的觀眾表示未來會更加關注中高齡心理議題並投入行動。

- SDGs：

  1. SDGs3 良好健康與社會福利：
     a. 辦理婦女心理團體，建立婦女社群網絡，降低失落與憂鬱風險。
     b. 培力農村中高齡女性成為心理健康倡議者。
  2. SDGs5 性別平權：倡議中高齡心理議題，鬆動社區對傳統女性的框架認識。

3 GOOD HEALTH AND WELL-BEING
5 GENDER EQUALITY

工搭配合作，是個極具隱私且安全感的環境。活動進行期間，也會帶入不同媒材的藝術創作，讓體驗更多元。

課程間，我們在一旁觀察團體成員的狀態與非語言行為，視情況在事後即時關心。幾個月過去，團體成員彷彿開了竅，言談都自信許多。更有成員的家人跟我們分享，他覺得現在可以很放心跟媽媽聊一些心事，媽媽還會反過來開導他。我們看見，這些中高齡女性開始擁有自己的能量，也會開始支持身邊的人。

當然團體辦理過程並不是一帆風順的。中間一度遇到 Covid-19 新冠肺炎疫情影響，實體接觸全部停擺。有些地方的中高齡長輩資訊能力還行，團體可透過視訊會議轉移陣地在網路上進行。但這群中高齡長輩身處資源較不流通的小鎮，要他們拿手機開會真的是前所未聞，部分姊姊的手機網路也沒有那麼高的流量。

這時候雲林的夥伴第一時間跳出來，他們認為「我們本來就是要讓這群獨居空巢期的姊姊們走出人際孤島！大疫當前的隔離豈不讓她們更孤單？」於是，他們做了一個很貼心的舉動——用一天的時間，到每個團體成員家裡，教他們用手機開視訊會議。順便創辦一個臉書社團，讓大家除了每週兩個小時可以參與心理師引導的團體，其餘時間還可以在線上繼續交流。

有一個姐姐分享：「雲林的夥伴鼓勵我觀察自己的生活，找一件讓自己開心的事，我想分享我在市場的事情！我今天去買鳳梨，老闆說我是第一個客人，感謝我讓他開市，他算我便宜一點。一早就遇到這件事，我好開心！」

這些面對面的、網路上的，從前的、現在的、未來的，特別是經歷疫情的女子百態，專屬於雲林女人的心情呢喃就像一部橫跨數十年的珍貴史料。我們請好感生活研究所的文案寫手與插畫家共創，以第一人稱口吻，將這些心情轉寫成語錄，搭配插畫，為她們出版了《遇見那個想念的自己》。

第一次聽到要出書時，她們受寵若驚：「會有人想聽這種故事嗎？」沒想到出版之後邀約不斷，

「歲月療天室」幸福的老後講堂

序	主題	探討面向
1	從阿姨到阿桑的轉變	家庭角色的失落與接受
2	五十空巢自我轉型期	社會角色的失落與接受
3	大齡內心的探索出走	重新定義自我價值與自我認同
4	漫遊閒走的優雅人生	安然自在的與自己獨處
5	別再說以後，現在就是人生	支持系統的重新建立與連結
6	第二人生，______ 優先	未來的人生規劃
7	生命故事導演：我的 ACP	我的預立醫療計畫
8	酷老的熟年願景	生命回顧與展望

《遇見那個想念的自己》新書發表會。

其他縣市的婦女中心紛紛邀請她們分享，透過一次次回憶、述說，原本沉重的回憶竟然減輕了。還有家人自掏腰包買書送給同學說：「裡面某個故事主角是我媽，她很勇敢！」

第2步 突破倡議框架，姊姊登台演出吸引更多關注

把遺憾悲傷昭告天下之後，怎麼我被療癒了

這些中高齡女性的心理鬱結，在對團體姊妹之間、對大眾的分享抒發中找到了出口。不過，只有少數女性獲得支持是不夠的，農村傳統文化對於中高齡女性的框架也要有所鬆動，因此我們掌握「突破思維」，啟動計畫的第二個軸線，希望透過跨域合作的倡議模式，深入農村社區中挖掘出更多需求者，並提升人們對中高齡女性心理需求的重視。

書籍的撰寫推廣是一個美好的起點，讓這群姊妹們看見自己的可能性，紛紛表達「受到別人的幫助後，也想要幫助更多人！」的心願。乘著這股氣勢，社工接著問大家：「我們找專業劇團合作，把這些故事改編成劇本，去各地巡演，支持更多女性好不好？」

接著邀請知名「阮劇團」合作，將語錄裡的故事寫成劇本，並開辦肢體工作坊，讓姊姊們透過身體的律動，察覺自己的身心狀態。肢體工作坊結束後，有兩位成員願意接下挑戰，成為素人演員，開始進劇場排演。從最簡單的暖身學起，跟專業的舞台劇演員一起演出自己及其他雲林女人的故事。

和知名劇團合作，這可是村裡的大事！我們接著啟動一連串巡演的安排，敲定四場在不同社區演出的場次，有的在廟口、有的在文創園區。不同的演出地點，姐姐一次比一次熟練，即使台下坐滿了觀眾也不會怯場。

看完表演後，觀眾的討論讓議題繼續發酵：「那個年代的女人真的不容易啊！我想起我媽了！」98%的觀眾表示，看完表演讓他們更理解中高齡女性的處境，100%的觀眾願意從此刻起開始關心身邊的中高齡女性。甚至有一位觀眾私下回饋給社工，看完表演，她決定勇敢結束自己隱忍多年

的婚姻，從此為自己而活。

從幾位中高齡女性憂愁、不那麼完美的生命故事出發，竟然在社區甚至跨縣市間掀起療癒暖流，讓更多人有機會去同理中高齡女性那些未能說出口的處境，願意付出更多關心。

第3步 雲林金三角，擴大影響力

歲月療天室，聊天療癒到創造樂趣

這個計畫透過組織心理支持團體，輔以出版與戲劇作品進行集體療癒，成功吸引人們開始關注周遭中高齡女性隱微的心理議題。

最後一步是持續擴大影響力，我們用「影響思維」來檢視計畫整體的佈局。

在人口老化比例全國第二高的雲林縣，不僅要提高民眾對於身心議題的關注意識，更重要的是讓有需要的人知道資源在哪裡，避免求助無門。於是，一處讓中高齡女性療癒、充電再出發的生活美感空間——「歲月療天室」誕生了。

我們攜手5% Design Action社會設計平台一起改造空間，在動手設計前，特別邀請中高齡女性一起腦力激盪：「作為服務的使用者，我們會期待這是一個什麼樣的空間呢？」

- 我喜歡我現在的年紀，現在的我是沉穩、有力量的。我希望歲月療天室也是給人安定的感覺。
- 我希望這個空間不要用太跳的顏色，來到這裡，光是坐著就是放鬆。
- 我希望是一個想獨處、想找人聊天都可以的多元空間。
- 我要在這卸下角色、脫下疲勞、轉換心情。
- 那張沙發看起來很舒服，可是坐太久對我們的腰不好，換掉吧！

聽到姊姊們對這個空間的獨到見解，我們感覺到她們對自我需求的覺察有了很大的進步。經過數月努力，「歲月療天室」正式誕生了！沒有過多標語和固定式家具，這是一個多機能的開放空間，色調是中高齡女性期待的沉穩安定風格，並搭配可

和阮劇團合作肢體工作坊。

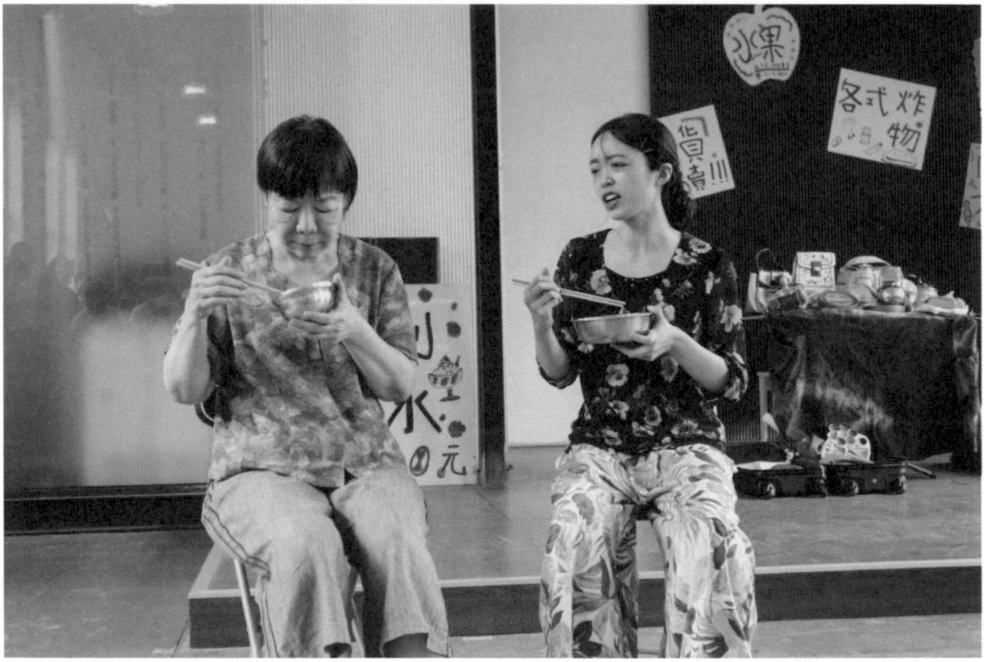

第一次劇場公演實況。

以帶來療癒的遊戲體驗，例如跳房子遊戲，不僅讓她們重溫童年時光，也可以和孫子女同樂，讓代間互動充滿更多可能。

》特色心法分析

心法1 一服務、倡議結合空間體驗，金三角接住心理需求

有別於公部門提供的心理醫療服務，這個案例的設計重點是「健全預防端」的社會支持體系。我們從同儕團體的服務經驗出發，搭配個案服務紀錄，將之轉譯成可對大眾傳播的圖文書以及肢體展演，並規劃出一系列倡議行動，期待能累積大眾對於中高齡心理議題的關注意識。

最終，透過設立一個實體空間「歲月療天室」，讓有需要心理幫助的女性可以隨時運用空間，並使用其他社會福利資源。療癒團體、跨域倡議和實體空間構成了一個「金三角」，並整合社區倡議、心理支持的重要性，鼓勵使用空間，讓年長女性幽微的心理需求被看見、被支持、被療癒，避免潛在的身心疾病風險。

心法2 蒐集讀者、觀眾的質性回饋

雲林縣積極透過圖文出版、戲劇演出去影響大眾。過去這樣的活動經常會以銷售數字、觀眾人數評估成果，這次我們更加把握每次與讀者、觀眾接觸的機會，累積了超過三百人的社群，每次接觸後，我們都會蒐集觀眾質性的回饋，並提問「除了很感動，你有什麼改變嗎？」我們發現年輕人更同理媽媽的處境，修復了家庭關係；有中高齡婦女看完戲打算改變生活狀態，決定接下來的人生要為自己而活。

這些服務成效，都是從一剛開始幾個女人的故事滾出來的雪球。正因為都是架構在相同服務系統下的策略，每次的服務累積了可被評值的成效。服務設計者更能知道自己為何而做，也從觀眾的回饋提醒下次企劃修正的評估依據。

心法3 跨域團體合作，加值服務效益突破同溫層

社工提供服務個案的故事，讓藝文領域轉譯成傳播媒介，影響異溫層的大眾——這是一次非常具有挑戰性的跨域合作。社工要如何保護個案隱私，保留女性完整飽滿的情感，又不對當事人造成二次傷害？又要如何培力一群甚至沒看過舞台劇的中高齡女性，牢記舞台走位、流暢說出台詞、與專業演員自然來回對戲並成為素人演員？

記得第一場社區演出前一天的排演現場，素人演員因為太緊張，頻頻漏詞。導演也用對待專業演員的水準要求大家，說了一些嚴厲的話（類似：不然明天你別上台了之類的話）。我們在旁邊冷汗直流，很擔心姐姐失去信心，直接就說明天不來了。沒想到，隔天正式演出的時候非常流暢自然，感動台下所有觀眾！她們坦然面對過去的難過、消化新挑戰帶來的壓力；我們也透過與專業團隊合作，看見社工與服務個案的潛能。

小結：以終為始下一步

根據二〇一八年雲林婦女生活狀況調查，超過4成的中高齡婦女未使用免費成人健康檢查，顯然對於自己的身心健康是不夠關注的。既然雲林已經累積一群關注中高齡婦女心理健康與社會參與議題的民眾，接下來希望進入實體社群，與社區有更多接觸。

透過持續倡議及服務體驗，我們梳理出一條服務模式：挖掘社區的潛在服務人口，讓社區提高對彼此的關心，即使是獨居、空巢或喪偶的中高齡女性也能在社區安心終老。

中高齡女性有需求時，也可透過鄰里的支持，到「歲月療天室」這個實體空間找到服務。讓雲林中高齡女性成為彼此支持的力量，找到屬於自己的第二人生，越活越精彩。

透過真人圖書館，創造生命的交流。

透過讀書會與講座療癒彼此。

歲月療天室的療癒空間。

● 雲林中高齡女性服務設計流程

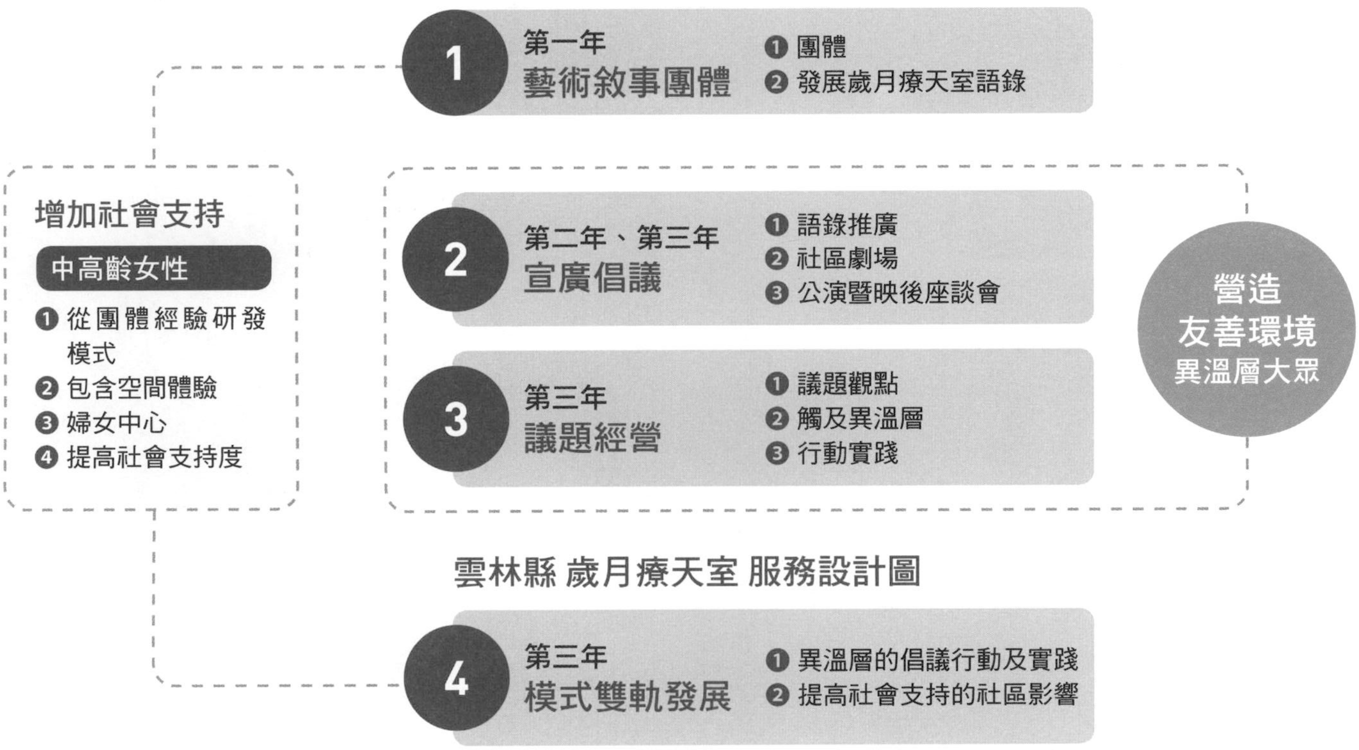

雲林縣 歲月療天室 服務設計圖

Part V

為女性發聲：跨域聯名之必要

第18章

空間載體創造之必要

當你覺得身心有些疲憊想找個地方放鬆時，哪裡會是你的選擇？你可能會去咖啡店休息，又或者找朋友出門聊聊。而雲林歲月療天室的女性們在一次與社工的對談中，談的並不是外出、不是客廳、不是廚房，而是床鋪與枕頭，那是長久以來她們不會受到聲音干擾、能夠安心的所在。

這個答案潛藏著從過去到現今，女性的身體與社會間的關係。過去女性為家庭付出、依附在男性權威之下，習慣無聲，沒有話語權，特別是農村女性，因為傳統習俗的刻板印象，早年喪偶甚至成了剋夫的負面標籤。當問到她們最能卸下角色、全然接納自己的空間是哪裡？詢問數人後答案竟大致相同：房間內的床鋪。

空間是生活的載體，就如同前面的這個例子，空間並非只是個物理性的容器，除了個人的生活空間，也包括個人與社會互動而形成的關係性空間，需要我們去理解和創造。聯合國十七項永續發展目標中提到的SDG5.1，說的便是要消除所有對女性的歧視。早年喪偶是個人漫漫生命長流中的哀傷經驗，不應成為婦女社會參與的限制或歧視。

好點子

以台灣於二〇〇六年討論女性車廂的設置為例，當時因發生多起交通工具性騷擾案件，輿論開始重視女性交通工具使用的安全性，雖然當時社會氛圍中有贊成也有反對的聲浪，但直至今天，當在夜間十點搭上火車的我們，可能習慣走向女性專用車廂，這不只是一個單純物理空間讓使用者更具有安全感，也代表著從個人的身體延伸到社會關係空間的歷程。

在公共空間的部分，這幾年國民運動中心、健身房紛紛設立，提供民眾鍛鍊身體、強化肌力的處所，女性卻常因為看到運動器材圍著滿滿的人而感到不自在，降低了使用的意願；為此，許多健身房也開始劃分女性運動空間，或推出專為女性設計的運動空間，提供團體運動和一對一教練的服務。

而以「創造女性關係性空間」為主要目標、「提供社會連結」為宗旨的「婦女福利服務中心」，近幾年陸續在各縣市成立，全台目前超過三十處。此一空間位女提供的服務，包含了身心支持課程、運動健身、講座以及社會資源支持等，例如理財、法律、心理諮商、職涯引導；同時依據地域上的特性，發展出相對應的女性培力和特色活動，期待讓女性多一個去處，

在這類空間的設計上，多半仍以學習型空間為主要設施，再加上團體活動的空間如：廚房、視聽

雲林縣「歲月療天室」所打造的舒服一角。

室、個人對談室等。但隨著女性角色更加多元化，且在社會互動的複雜交織下，作為支持女性生活幸福的各種空間，也有機會挖掘女性新的生活需求，以及從「關係人口」的角度，來進行翻轉設計。

當企業發展 ESG（E, environment）、社會責任（S, social）和公司治理（G, governance）議題時，針對女性特有的樣態與需求，設計友善的空間硬體，也符合社會責任中的僱員健康安全與社區關係。支持性別平等、關心女性相關議題的你，或許可以想到更多因為女性生活角色延伸而需要的空間載體、設計需求和發展機會。

好點子

位於美國洛杉磯的 Brella，是由加起來一共有五個小孩的達里恩・威廉姆斯（Darien Williams）和梅蘭妮・沃爾夫（Melanie Wolff）所成立，她們回顧自己過往經驗，有感於成為媽媽之後時常遇到會議開得太晚、學校關門太早、保姆請病假、臨時

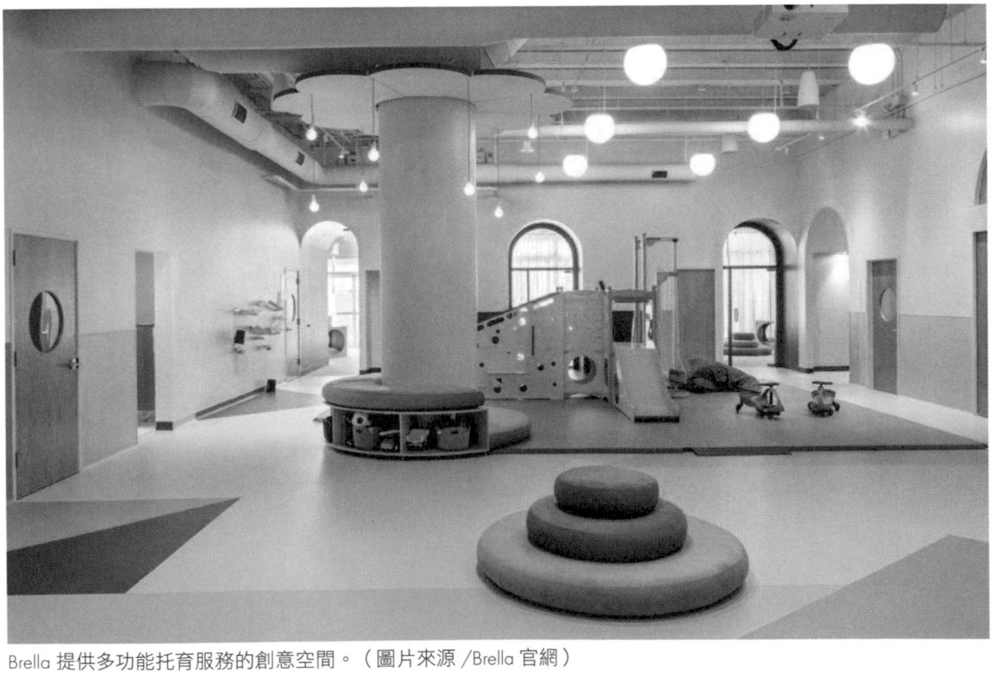

Brella 提供多功能托育服務的創意空間。（圖片來源 /Brella 官網）

需要辦事情卻找不到幫手……等等照顧議題，即使在職場仍有雄心壯志，卻不得不退居二線。回憶起理想的碎片，讓兩位女性想要創造新型態支持系統的可能性，二〇一九年 Brella 啟動了！

Brella 發展出以小時計價的多功能托育服務，家庭可以在 APP 上簡易預約服務，室內空間有為了激發孩子腦力、藝術力、思考力而設計的創意遊戲室、藝術實驗室和迷你圖書館等設施，並且依不同年齡層劃分適合的活動；父母得以在托育時間處理重要事務，減輕原先的照顧負擔、銜接工作與育兒的斷點。

好點子

來自紐約布魯克林的 New Women Space 原先是一個為期三十天的快閃計畫，為女性、酷兒和跨性別者建立一個有歸屬感的空間，透過互動交流帶來理解，在城市裡找到認同與價值。New Women Space 以空間來應對當今性別議題的挑戰，發展至今已邁入了第三個階段，持續營造空間並且更積極回應新的需求，她們主動去理解來到空間的女性的需要，確保在需求出現時，可以靈活運用空間的人與事件來進行回應，提供讓她們安心的空間和可以信任的團體。

New Women Space 透過空間安排多元課程、團體對談、活動與服務，提供跨種族女性互動，包括身心障礙女性也可參與，增加女性對自我的認知、能力的展現與釋放，過程中除了形成個別的支持社群，也捲動更多社區和組織加入，擴大影響力。

好點子

日本 GK Design 的田中一雄社長，也是日本工業設計師協會理事長，一生致力於融合設計與社會，創造從有形到無形的價值。他曾於《設計的本質》一書中，提出設計的能力建構需要包含五種面向：

- **觀察的能力**：能夠洞察和剖析對象的生活；
- **發現問題的能力**：常運用結構化認知進行客觀分類；
- **發想與提案的能力**：要能提出假設和靈活的想像；
- **運用視覺化工具的能力**：創造出可貼近、易懂的設計；
- **造形能力**：創造出美感與個性。

對於空間載體的設計有著豐富經驗的田中一雄社長認為，設計的本質來自於「心」，透過設計思考事物本質，以「創造更理想的社會整體性」為骨幹，才能為人群、事件、物件、空間創造出符合本質的設計。

下一步

在這裡我們所談到女性空間載體的創造設計，並非獨厚女性，我們想談的是，每個人都應該可以在社會的空間裡找到自己的主體性。

對應於過去，今日女性擁有更複雜的社會角色和責任，如何透過空間載體的設計，讓女性的聲音、自主性和價值得以發揮，這樣的主體性空間可能存在於各式場域之中，等待我們持續觀察、提出與創造。

第19章

在地社群創造之必要

女性服務應當如同一片花園，因地制宜長出不同的服務特色，同樣都是六十歲女性的退休安排，都會型與鄉村型便大相逕庭。第四部我們提到的女性服務設計都來自於在地社群的共同創造，而援引更多在地社群的投入，將有機會發展出更多元的合作模式。

一九六五年聯合國提倡「社區發展」運動，影響全球發展出以社區為導向的生活模式，近六十年來社區的營造發展確實影響了人群的生活，無論是交通、信仰、教育、醫療、民生、福利、建設，都受到社區發展主義的影響。

二〇一五年聯合國進一步宣布十七項永續發展目標（Sustainable Development Goals, SDGs）。其中SDG5.5 呼籲確保女性擁有公平的機會參與經濟、政治、公共事務等決策權與領導權。

社群來自於生活在地域上的每一個個體，發展社群則是建立鏈接起人與人的關係線，拉近彼此的距離，就像廟宇是成為凝聚信仰的社群，大家因著共同目標而聚集在此，因此有了祭典的活動。但如何拉近距離或了解自己與女性的關聯度呢？這裡的距離，我們可以運用這四個面向來思考：

- **靈魂願景**：屬於組織的藍圖，期待在這個區域中創造的價值，那是一個有可能成真的一片未來樣貌，你會受到這片藍圖吸引。當有個合作的契機形成，可以如何被放入在你的藍圖中，共融出豐富的色彩，那便可成為你的思考點，這樣的合作是否也讓我們的藍圖更加完整？

●文化脈絡：代表著的是價值觀、你的信仰認知，這個是在社群互動間非常重要的關鍵，理解自身的文化脈絡和價值觀，會影響你對於跨社群間的開放度和理解，我們前面所談到的案例，合作的世代可能橫越六個世代，過去的文化脈絡差異大，但仍可合作，主因來自於理解彼此的文化脈絡，保有尊重、理解和開放。

●生活習性：過去常有許多長者活動辦在周末，但發現大家不出現，因為孫子回家了。有些活動在周間的白天人數寥寥，後來發覺原來區域中大多是職業女性，多數的家庭照顧者無法時常出現，因為綁住的照顧負荷尚未被疏通解決這些經驗告訴我們，即使我們理解文化脈絡，還需要同時思考，族群對象的生活習性和日常行為，了解她們的作息、期待和需要，才能設計符合實際需要和配套措施。

●場域空間：你是否有個空間能夠吸引人進入、停留或對話，社會學家雷．歐登伯格（Ray Oldenburg）曾經提出，人們渴望擁有第三場所，

● 在地社區觀察象限

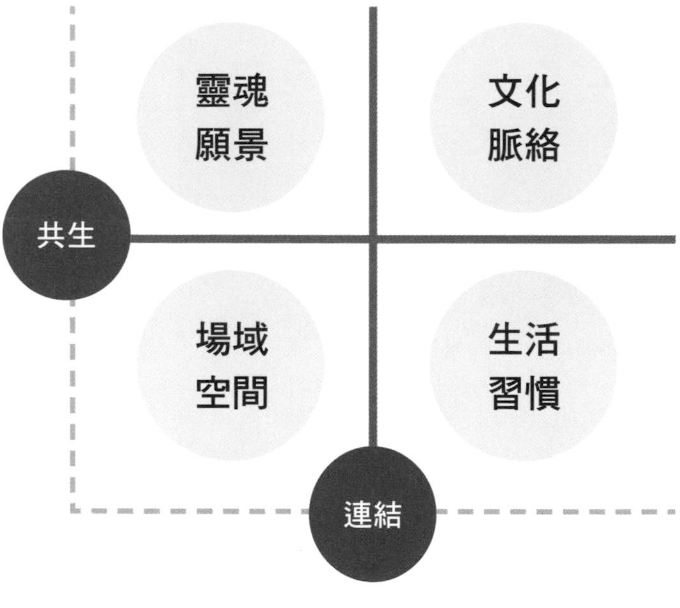

一個介於職場、家庭之間的場所，舒服放鬆的歸屬，讓人們可以做喜歡的事情，或許是三五成群，也可能是怡然自處。第三場所的重點並非全然在硬體，而是沉浸在環境中的氛圍和接觸的事物，才帶來了意義性。這個場域空間可加乘彼此的關係，當然這個場域也可能是線上的，因為人們也需要歸屬感，一種自己是屬於某個地方或社群的感覺。

這四個面向，能夠幫助我們思考社群間的距離和可能性，形成合作共創的基礎。例如，在偏鄉的便利商店提供長者天氣預報資訊，偏遠地域的公車同時也提供了物資運送，疫情期間立陶宛更發展出計程車司機為孕期媽媽運輸生活用品的服務。又如在新竹，為了支持竹科媽媽們在另一半需要長時工作、缺少照顧人手而形成的在地社群小村子，成了竹科女性重要的親子陪伴、托育照顧、身心療癒的重要支持來源，這些都是在地社群合作的一種表現形式。

圖片來源／桃園市政府青年事務局

好點子

駐點在桃園大溪南興里的寺日工作室，透過創辦人過去服裝設計專業開展了在地的社群合作。

大溪與許多人口高齡區域一樣，存在著老化與人口外移的衝擊，選擇在大溪成立工作室的寺日，是創辦人先生的家鄉，對以服裝重製再設計的寺日而言，創造出衣物生命循環與再生是他們的使命。他們與婦女合作，創造許多中高齡的女性和失業者在家鄉的就業機會，成為重要的地方夥伴。無論是寺日或在地民眾都與社會有所連結，共同創造地方與社會價值，其中重要核心在於，地方女性的串聯、設計團隊的整合、創造在地的創生與互助力量，例如：號召大家回收牛仔布、參與社區大小事，成為社區中的核心一員。

從上面的案例可看到，當我們開始思考社群合作時，我們可以特別關注兩個角度，「生活樣態」和「切入契機」，客觀了解地域的生活樣貌，找尋切入的契機，便能夠找到投入創新服務的機會點。

下一步

這裡我們想談在地社群創造的必要性，也來自於當代社會議題的多元性和複雜性，這已經不是單一產業、單一領域可以解決、預防或創造的，而是來自於每一個可能合作的場域，提出解方，帶動社會更多實踐。

因此我們談價值、談共創，而非僅僅單一領域或單一專業，我們可以從原先實踐的角度，廣納議題或族群融合創作的策略，不管是健康、安全、行動、照顧、經濟、社會參與，只要我們相信，我們的存在能改變些社會正在發生的事情，注入正向的影響力，我們都是女性設計的最佳編劇。

第20章

議題倡議之必要

本書第四章「服務指南針：婦女議題的精準定位」一文中，我們身為「陪伴工作者」，發現我們在定義婦女需求時，女性的議題經常與社區、社會、大眾的觀點有所關聯；因此公眾缺乏「需求意識」的現象，也會直接影響到婦女的權益。

例如第十四章「『屏障生活』母職再設計」，屏東的身心障礙媽媽，面臨社會對於女性和身心障礙者的雙重框架，除了信心受到打擊以外，在孕、產、育過程也遭遇相關人員知能不足，以及硬體設備不友善的狀況。

另外，第十七章「一個人生活也不孤單」，雲林農村中高齡女性的心理議題，其實源自於傳統保守的風氣，使得這群中高齡姊姊鮮少對他人袒露自己的心情或困境，只能自己設法消化解決，更遑論善用相關心裡、社福的資源。

因此，在進行女性生活設計與服務時，除了要針對需求、提出直接、立即性的服務以外，如何「讓女性的需求被看見、被參與」也是同樣重要的！透過議題倡議，分享過往的議題、現在發展的行動，以及未來期待群眾投入的角色，讓關心的人也能成為堅實的支持力量。

好點子

雲林的「歲月療天室」計畫，是透過療癒團體陪伴農村獨居、喪偶、有憂鬱心理需求的中高齡女性，也開展系列倡議行動。從出書到演出舞台劇，培育姊姊們成為倡議者，擴散議題影響力，發揮助人價值。

這份倡議的力量，也會影響合作夥伴。在計畫中負責書籍內容梳理、撰寫、出版的「好感生活研究所」，於書籍上架後仍持續和姊姊們一起到各個地方分享推廣。隨著座談分享會的模式漸趨成熟，他們也開始思考新的議題宣傳方式。

最近，「好感生活研究所」嘗試將書籍帶到大學校園，希望能提升年輕世代對於中高齡女性的關懷。他們將書籍中的插畫整理出來，邀請參與者「看圖說故事」，從畫作思考自己的生命歷程，與大家分享，也想想關心中高齡女性的行動。

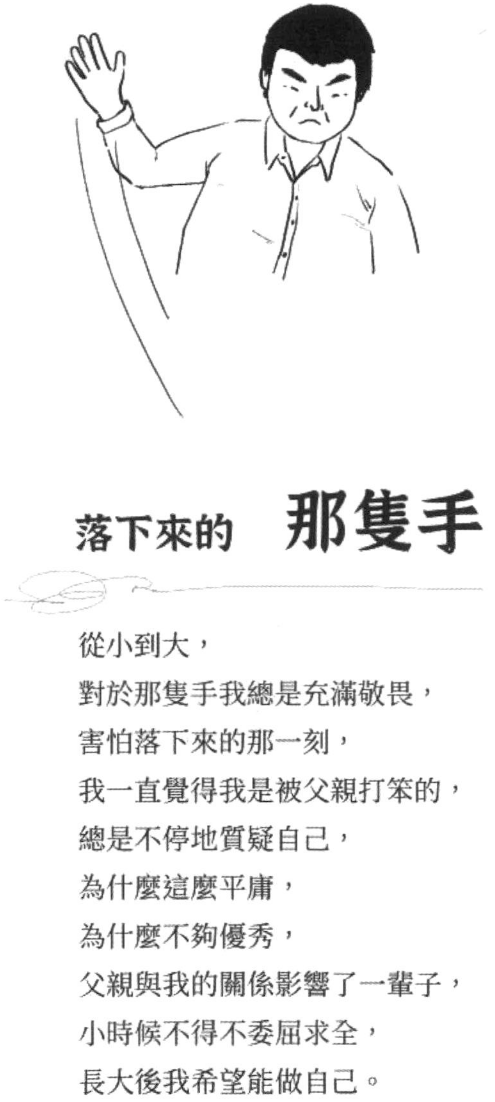
落下來的 那隻手
從小到大，
對於那隻手我總是充滿敬畏，
害怕落下來的那一刻，
我一直覺得我是被父親打笨的，
總是不停地質疑自己，
為什麼這麼平庸，
為什麼不夠優秀，
父親與我的關係影響了一輩子，
小時候不得不委屈求全，
長大後我希望能做自己。

有學生看到遇見那個想念的自己的插畫，聯想到自己與父親的相處經驗。（圖片來源／好感生活研究所）

有學生看到下面這張圖像，就想到自己其實也來自不幸福的家庭，與父親的關係總是緊張又疏離。這樣的帶領不僅引起大家的共鳴，也有助於參與者同理相關議題，增加自主行動的意願。就有學生分享，以後會回覆媽媽訊息、會定期回家和家人相處，或是幫孤獨的家人尋找合適的活動。

好點子

倡議可以與藝術結合，美國知名劇作家伊芙・恩斯勒（Eve Ensler）在一九九四年發表劇作《陰道獨白》（The Vagina Monologues），內容是根據兩百多位不同年齡、性傾向、職業、種族的女性關於陰道的想法和故事而創作。該劇以連續獨白劇的形式，讓女演員分別表達陰道的身體經驗，大膽抒發深埋於心裡的真實感受與智慧，交織出對於陰道的複雜情緒。

伊芙・恩斯勒希望透過這齣舞台劇，反思女性遭遇的暴力問題，也鼓勵女性對抗社會有形無形的暴力議題，「我說『陰道』，因為我要阻止這些壞事再度發生。我知道，除非我們承認它們正在發生，否則這些壞事不會停止。我們必須讓女性能夠說出來，而不用害怕被懲罰或遭到報復。如此一來，這些壞事才有可能停止。」（節錄自劇作）

《陰道獨白》成功獲得國際迴響，並被《紐約時報》評為最傑出戲劇之一，目前已經至少被翻譯成五十種語言，在一百四十個國家演出。伊芙・恩斯勒也善用這股力量，在一九九八年發起「V-DAY」，象徵了聲音、勝利、情人節和陰道（Voice, Victory, Valentine, Vigina），目標是「終止全球對女性暴力」的運動，使命有四：

- 藝術具有改變思維和激發人們行動的力量。
- 持久的社會和文化變革是由普通人做非凡的事情傳播的。
- 當地女性最了解她們的社區需要什麼，並且可以成為不可阻擋的領導者。
- 必須審視種族、階級和性別的交集，才能理解針對女性的暴力行為。

V-DAY 迄今已經為全球各地的婦女組織與社會運動者募集了超過一億兩千萬美元，運用於《陰道獨白》巡迴演出、支持各地成立家庭暴力庇護所、與社區攜手改變針對婦女的暴力行為等。二〇一一年 V-DAY 前往剛果與曾經遭受性暴性的婦女會面，這群女性主動提出需要一個可以生活、將痛苦轉化為力量的地方，於是「歡樂之城」（City of Joy）成立了。「歡樂之城」讓女

「十億崛起」運動號召全球以藝術倡議形式響應女性議題。（圖片來源／ V-DAY 官網）

性可以安心的在其中學習愛護自己的身體、培養生活工作技能、訓練領導力，讓成員不再受到暴力經驗與污名的創傷，更鼓勵成員回到家鄉組建婦女支持組織。其中一位已成為社區婦女支持小組領導者的 Mukunilwa 分享，「歡樂之城教會我的是，強暴不是生活的結束。」

V-DAY 持續擴大倡議行動，二〇一二年發起「十億崛起」（One Billion Rising）運動，起因是世界衛生組織 WHO 的報告指出，全球有三分之一的女性遭受過身體暴力和性暴力侵害，「那代表著十億位婦女和女孩。」自此，V-DAY 每年二月都會號召全世界透過藝術、行動、串連，為女性的自由、身體傳遞愛的倡議。

第十七章台灣個案中的「歲月療天室」和 V-DAY 一樣，都以雙軌模式發展——即「行動」和「倡議」並進，創造與大眾溝通的媒介，促進人們對於相關議題的了解，翻轉社會框架，讓大眾成為改變的力量，展現雙軌模式的綜效。

下一步

那麼你呢？你可以怎麼成為一位倡議者呢？有意願投入女性創新服務的你，在日常生活中可以從三個方面著手：

一，開啟觀察：關注、認識女性議題的相關倡議，成為「覺察型公眾」；二，主動關心周遭的女性，聆聽她們的需求，成為「被激發的公眾」；三，積極參與問題定義和解決方法的提出，投入相關行動和組織，成為「行動公眾」。（Hallahan, 2001）。

第21章

合宜創業就業之必要

由於投入女性創新服務，我們這幾年深切感受到，女性的經濟需求和實踐動力同等重要。在我們的設計討論中，發展女性經濟模式不應侷限在直線性的能力培育或媒合就業而已，而是必須先爬梳區域中的人口特性，嘗試在不同群體的需求和可能中，交集出兼具「女性能力挖掘」、「生活支持行動」和「創造延伸價值」的面向，繼而發展出相互交織的「漣漪圈」。從本書引介的國際案例可以看見，在這樣的設計思維下，女性帶來的改變才能如漣漪一般擴散。

好點子

經濟生存是生活金字塔中的根基，但女性過去受到傳統刻板性別角色的侷限，直到今天仍舊需要面對性別薪資差異、職涯發展等等挑戰。日本非營利組織 Kamonohashi Project 十五年前開始與柬埔寨社區女性的經濟合作發展，當時柬埔寨性別傳統觀念很深，女性擔負家庭照顧責任，經濟的自主性低，該計畫初期透過篩選列出經濟狀況急迫的家庭，招募社區年輕女性前來工作，提供她們安全的就業機會與穩定的薪資，並在工作場所中提供托育服務，聘請當地女性提供營養午餐，確保女性獲得足夠的營養。

除了讓社區女性可以選擇就業，在工作外也積極提供她們跨領域能力的養成與未來生涯發展的機會。該計畫在社區工廠創立後，從二〇一一年就開始提供女性更多元的應用課程，例如語言能力、財務計算、儲蓄規劃、營養均衡觀念等；進階內容則包括：如何與團隊溝通、培養解決問題的能力、情緒管理、職場發展等，女性不僅獲得薪資，也擁有向外拓展生涯的可能性和機會。

二〇一六年「SUSU」正式設立，兩年後從日本總公司獨立出來，成立新時尚品牌「SALASUSU」開始走向國際，也持續和政府、企業合作，倡議改善弱勢群體的工作環境與產業鏈，近三年因應疫情的發展，也持續透過線上參訪、展覽等活動，擴大社會影響力。

SALASUSU 以時尚設計擴大影響力。（圖片來源／ SALASUSU 官網）

好點子

沿著南海往上，來到日本本州最西側的山口縣萩市，一座北邊面臨日本海的小漁村，當地人口約一千三百人左右。一群已經退休的女性，每個月透過餐會、戲劇等活動聚會，深深有感於社區的高齡和獨居狀況，決定從最擅長的餐食手藝著手；她們和在地漁會合作，獲得賣像不佳但新鮮的漁貨，規劃製作便當，配送給社區的老人家。村里公部門也開始跟媽媽們合作，提供資源為更多長者送餐，在媽媽們的出資投入下，漁協提供了貸款資金，「海媽媽食堂」開幕了，跟在地的旅宿業者合作，為觀光客安排風味餐，創造更多的經營策略和方法。

最初的核心來自媽媽們想在社區裡創造好生

活，她們組成了社群，運用部分盈餘基金彼此互助，當成員們家庭有需求時可以及時得到支持。在這些年的發展過程中，媽媽們有感於永續發展的重要性，因此開始構思「青年返鄉」計畫以吸引年輕人回鄉；此外定期透過有趣的料理活動賽事，挖掘更多具創意的料理，藉此推陳出新，讓人總是有新鮮感。二〇一四年已達到收支平衡的海媽媽們，正在持續推動三見村的「幸福共生」計畫。

好點子

除了提供生活支持，創造友善職場還有其他兩個精彩案例。台灣北部某縣市的動產質借處長期提供民眾質借服務。他們觀察到，有一批女性固定在每年九月前質借小首飾，金額通常都不高，但還款比例超過九成。進一步探究發現，原來九月開學季許多家庭需要借貸繳學費，存夠了錢，就會再把當時典當的小首飾贖回。若能針對特定季節衍生的開支提供小額借貸服務，也許能協助她們度過難關。

「雜貨店信貸徵信」平台，讓需要幫助的女性在財務上更獨立。（圖片來源／坎城創意節台灣官方代表小魚廣告網工作室）

來自墨西哥的 WeCapital 設計的「雜貨店信貸徵信」也有類似的案例，墨西哥有兩千四百萬女性處於貧困狀態，其中 83% 沒有信貸歷史，因此無法跟銀行貸款。依據創意團隊的觀察，墨西哥女性雖然無法主導家裡的財務，但她們負責照管家務，平常會跟家裡附近的小店買食物、生活日用品。這些小店所累積的財務往來，就是她們的信貸歷史。於是創意團隊設計了「雜貨店數據」的平台，女性申請信貸，直接在平台上輸入五家平時往來的店家，平台透過 WhatsApp 與店家連結，就能將平時女性與雜貨店往來的支付紀錄作為信貸歷史，讓需要幫助的女性在財務上更獨立。這個案例也獲得二〇二二年的坎城創意獎。

在上述幾個國內外案例中，我們不難發現服務發展中的共通重要元素：「挖掘女性能力」、「生活支持策略」和「創造延伸價值」，以創造出一個經濟與生活支持的生態系統。在 SALASUSU 的設計中，經濟支持的模式像是轉運站，既能夠讓女性獲得就業機會，鬆綁照顧角色也獲得了更多生涯機會，女性除了從事紡織行業外，有機會踏上其他的就業可能，人生選擇更廣闊。海媽媽食堂的女性則像是社區的樞紐，帶動了村子裡的高齡健康、女性互助、捲動跨世代和公私部門合作，創造出巨大的社會影響力。動質處的開學季小額貸款及墨西哥雜貨店信貸徵信，則是看準運用女性的財務借貸特性及信用往來，設計出更貼近女性財務需求的財務服務模式。

下一步

上述案例，呼應聯合國永續發展指標中的 SDG5.5：確保女性擁有公平的機會參與經濟、政治、公共事務等決策權與領導權；也呼應了近年的國際趨勢：聯合國全球契約於二〇〇四年提出 ESG 概念中的社會責任，包含了社區關係、多樣化與共融、重視員工的健康安全、薪酬與福利等面向。

第22章

科技設計運用之必要

因 應數位資訊應用的發展，線上服務系統的快速發展，不僅可以運用數位資訊預測及計算趨勢，也可以因著女性特有的服務特性與需求缺口，提供更全面的服務體驗。

觀察近三年 GooglePlay 最佳應用程式榜單上，有許多療癒心靈、睡眠紀錄、靜心冥想等應用程式入列，女性使用者佔多數，例如：特別針對女性生理結構機能設計的身體鍛鍊應用程式、幫助女性掌握生理數值的月經提醒程式等。足見數位科技在女性服務議題的發展潛力。

然而過去在數位科技領域，女性是相對少數。台灣知名媒體「女人迷」創辦人張瑋軒曾提過，「史丹佛大學的資工教授 James Zou 與女性主義歷史學家 Londa Schiebinger，曾在 Nature 呼籲，因為人工智慧背後缺乏代表性的數據，人工智慧時代的來臨，可能加劇性別歧視和種族歧視的議題。」

國內也曾發生科技公司設計一款新型家事機器人，是一款穿著圍裙的女性外表的機器人，隱喻著家務勞動是女性專屬的刻板印象。人工智慧發展一日千里，各產業皆嚴陣以待，我們除了關心人類勞動力是否將被取代的議題，更該留意這些專業工作者及其訓練的數據資料庫，是否具備多元的性別意識，以避免產生「無意識偏見」問題。

好點子

Femtech（女性科技），是由丹麥女性創業家 Ida Tin 提出，，由 Female（女性）與 Technology（科技）

組合而成。她於二〇一二年共同創立月經週期管理 App「Clue」，以科技改善女性在不同人生階段中的身心相關課題，藉此喚醒各方重視女性的健康需求，也讓女性更加關照自我。

二〇二〇年，有一項針對日本 Femtech 企業的研究便發現，半年來增加了約一百項服務與產品，從中歸納出女性身心健康的科技發展趨勢包括：經期管理、疾病追蹤、性健康、不孕相談、孕後健康與營養服務、更年期服務和心理照顧等科技設計與設備。例如：專為各企業提供 Femtech 相關諮詢以及企業內健康管理改善服務的日本綜合商社「丸紅」；提供線上婦產科服務的日本大手私鐵公司「小田急電鐵」；以全日本 Femtech 情報為中心，並且建立女性生理用品實體店的 Fermata 株式 社等等。

雖然 Femtech 目前多以生育與月經的相關服務為主要大宗，但這並不意味著生育必然是女性的責任，反而要更積極地回應「聯合國永續發展指標 SDG5.6，確保女性皆能享有性與生殖的健康與權利」。女性的生理徵象可透過外顯的觀測，提供有意義的數據計算，以提供更科學的解方。

好點子

月經是女性獨有的生理週期，坊間已有不少應用程式，可透過輸入個人週期與月經天數，便能演

HelpMee logo

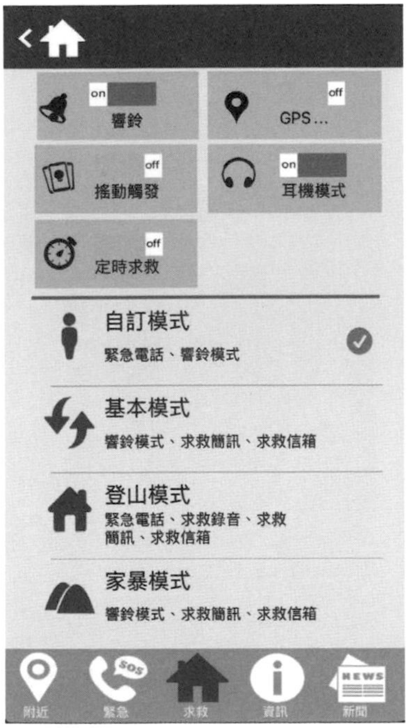

HelpMee 使用畫面，若遭遇他人攻擊，可設定搖動觸發或定時求救，避免加害人察覺。

算設定自動提醒。不僅月經可以透過演算法替使用者記錄下個人生理數值，透過科技的進步，甚至可以幫助女性掌握自己的經期與健康狀態、訂購生理用品，近年更延伸透過月經週期、生理徵象的變化，不僅掌握個人健康，也可以積極孕育下一代，或是幫助避孕、掌握情慾的自主權。

除了女性特有的月經議題，夜歸安全及遭受暴力威脅的議題仍層出不窮。過去婦女救援基金會曾與資訊公司合作開發「HelpMee」，若發生緊急狀況需要求援，可直接聯繫緊急連絡人或警政單位。韓國也有類似的應用程式「首爾安心美」，可結合城市的監控設備，能更精準判別求救者的位置，服務啟用時可以更及時營救。

這類救援 App 多半講求定位與迅速。當意外發生，多是跟時間賽跑，最好是一鍵求救，系統可直接定位報案者的位置；在某些不能出聲的場合甚至不一定要啟用通話，僅需要按鍵便能求救。

此外，最近流行的 AI 科技，也可以導入相關議題。西班牙 VioGén 是一個偵測性別暴力與再犯風險的系統，可根據暴力行為的嚴重程度，判斷施暴者再度攻擊的風險等級，讓警政單位可即時追蹤防範，預防女性一再遭受家庭暴力的侵害。從上述三個案例可以發現，女性的權益不僅需要科技協助主動求助，也仰賴相關單位的即時掌控與預防。

下一步

近年雲端運算、大數據與人工智慧成為大勢話題，除了帶給我們更便利與更開放的未來想像，也更可運用科技結合創新思維，解決過去的發展困境。引進更多科技應用，勢在必行，我們也樂見這些數位科技的應用可以具備多元性別觀點，兼顧安全與隱私，尊重不同特性使用者的文化與價值觀。從女性服務使用者的角度出發，隨著科技日新月異，將能不斷改進和創新服務。

結語

打造每個人都舒適自在的理想生活

打開一份檔案大概是一秒的時間，但是完成一套從爬梳議題、設定目標、規劃落實、評估影響力，具有脈絡性的服務模式大概需要歷時9800萬秒，將近三年的時間。二〇二二年底，即將迎來婦女設計成果展時，我們想到了「另存新檔」的主題概念，從二〇二〇年開始爬梳女性服務的過去與現在，迎向女性的5大議題，創造符合在地需要的合宜式服務實踐，一路走來點點滴滴。

「走過三年，也才三年」我們的心中一直是這麼相信的，因為在這本書裡談到的議題面向，有些我們都還來不及多著墨，甚至去創造它，而肩負著社會使命，想打造每個人都舒服自在的理想生活這樣微小又巨大理想的我們，想與更多更多人分享，我們期待拿起這本書的你，受到跨域聯名吸引的你，我們能有機會牽起一條共同創造的線，編織更多女性的幸福生活網，點而成線，線而全面，為更好的社會而設計。

> 設計的開始基本上跟你是誰很有關係，
> 從理解自我、問問題、不斷探索，
> 讓你和世界產生連結，和創造產生聯集。

這是社會設計大師 Tim Brown 的名言，對他而言每個人都可能是最佳的社會設計創造者，能創造出從自己的視野望外的觀察與體會，更好的日常。

貫串著這一本書有一個很重要的提醒，那就是勇於突破、始於足下的信念，書中篇章所組成的其實是人類生活的縮影，而我們就像是這片土地上的探路者、造船者、划槳者，試圖在蛛絲馬跡中找到重要標的，搭建美好的橋梁，走向更好的社會，而每個人、每件事都有個冰山水面下方，而那才是鬆動的重點。

面對這片土地，我們可以更開放的去理解那些未盡事宜，不斷思索還能再做的事情，當然那些未完成可能帶有挑戰和未知，可能衝擊我們的舒適圈，但我們並非一定要跳脫，而是擴大舒適圈，才能囊括更多女性的服務。

面對女性群體，我們應該更有效的去打開那些真實聲音，持續打造出安心的服務，特別是少數的群體，這才是降低社會排除的最好方法。

回扣這本書的開始，這是一本獻給每一個在這片土地上，關心著人、關心著女性的每一個人，我們期待這一場設計思考的社會行動不會停下，而是開始發生於每一個地方。

註解・參考資料

第一部　第一章

註1：United Nations Development Programme（2018）. Gender Inequality Index。

註2：106年老人狀況調查主要家庭照顧者調查報告（107年9月）。衛生福利部社會及家庭署。

註3：項振緯、林明仁、陳冠銘（2021）。長照需求對女性勞動力供給之影響。行政院性別平等會委託。

註4：財團法人婦女新知基金會（2022年11月11日）。〈婦女保障名額虛設 民團促政黨推女力〉。台灣醒報 https://reurl.cc/VRg2jn

註5：行政院性別平等會「政策與法令」。https://gec.ey.gov.tw/Page/FA82C6392A3914ED

註6：社企流、願景工程基金會（2022）。《永續力：台灣第一本「永續發展」實戰聖經！一次掌握熱門永續新知＋關鍵字》。果力文化出版。

第一部　第二章

註1：衛生福利部社會及家庭署（2020）。中華民國108年15-64歲婦女生活狀況調查報告。

註2：衛生福利部社會及家庭署、串門子社會設計、女人迷（2020年）。女性理想生活大調查。

註3：衛生福利部社會及家庭署、串門子社會設計（2020）。婦女需求趨勢研究報告書。

註4：陳玉書、林健陽、鄒　勳、楊采容、廖秀娟（2019）。女性受刑人更生復歸之研究。

註5：勞動部勞動力發展署（2019）。108年身心障礙者勞動狀況調查。

註6：項振緯、林明仁、陳冠銘（2021）。長照需求對女性勞動力供給之影響。行政院性別平等會委託。

註7：衛生福利部社會及家庭署（2020）。109年度臺灣婦女遭受親密關係暴力統計調查。

註8：KoichiroShiba, Laura D.Kubzansky, David R.Williams, Tyler J.VanderWeele, Eric S.Kim(2022). Purpose in life and 8-year mortality by gender and race/ethnicity among older adults in the *U.S. Preventive Medicine*-Volume 164, November 2022, 107310.

參考資料

- 立法院法制局（2022）。人口負成長對我國勞動力影響議題之研析。
- 行政院主計總處（2006）。婦女婚育與就業調查。
- 衛生福利部社會及家庭署、串門子社會設計、女人迷（2020）。女性理想生活大調查。
- 串門子社會設計、弘道老人福利基金會、社團法人金點社區促進聯盟（2021）。熟齡生活報告書。
- 莊俐昕（2020）。原住民族家庭服務中心輔導模式之回顧與分析。社區發展季刊，169期，152-169。
- 國立臺南大學輔導中心。你所不知道的內向性格。https://www2.nutn.edu.tw/
- 國民健康署（2022）。國民營養健康狀況變遷調查。
- 女性健康與經濟參與：應用推廣（2017年12月）。行政院補助計畫；財團法人婦女權益促進發展基金會。
- Tara Allmen, M.D.（2022）《祝你更年期快樂》。高寶出版社。
- Tsai & Wong（2003）. *Aboriginal Adolescents' Pregnancy in Eastern Taiwan.*
- *Women's Health Strategy for England.*（2022）. Department of Health and Social Care.

女性生活設計

看見真實需求，以設計思維打造性別友善的創新服務，開創女力經濟

作　　者　串門子社會設計
著作財產權人　衛生福利部社會及家庭署
執 行 編 輯　李青宇
封 面 設 計　呂德芬
內 頁 排 版　簡至成
行 銷 統 籌　駱漢琦
行 銷 企 劃　蕭浩仰、江紫涓
營 運 顧 問　郭其彬
業 務 發 行　邱紹溢
果 力 總 編　蔣慧仙
漫遊者總編　李亞南
出　　版　果力文化/漫遊者文化事業股份有限公司
地　　址　台北市松山區復興北路331號4樓
電　　話　(02) 2715-2022
傳　　真　(02) 2715-二〇二一
服 務 信 箱　service@azothbooks.com
果 力 臉 書　http://www.facebook.com/revealbooks
網 路 書 店　www.azothbooks.com
漫遊者臉書　www.facebook.com/azothbooks.read
營 運 統 籌　大雁文化事業股份有限公司
地　　址　台北市松山區復興北路333號11樓之4
劃 撥 帳 號　50022001
戶　　名　漫遊者文化事業股份有限公司
初 版 一 刷　2023年7月
初 版 二 刷　2023年10月
定　　價　台幣550元

國家圖書館出版品預行編目 (CIP) 資料

女性生活設計：看見真實需求, 以設計思維打造性別友善的創新服務, 開創女力經濟/ 串門子社會設計著. -- 初版. -- 臺北市：果力文化, 漫遊者文化事業股份有限公司出版：大雁文化事業股份有限公司發行, 2023.07
面；　公分
ISBN 978-626-97185-4-2(平裝)
1.CST: 女性 2.CST: 社會生活 3.CST: 設計 4.CST: 創造性思考
542.5　　112011189

ISBN　978-626-97185-4-2
GPN　1011200862